Matthias Pöhm

# Nicht auf den Mund gefallen!

Matthias Pöhm

# Nicht auf den Mund gefallen!

## So werden Sie schlagfertig und erfolgreicher

mvg

**Die Deutsche Bibliothek - CIP-Einheitsaufnahme**

**Pöhm, Matthias:**
Nicht auf den Mund gefallen! : so werden Sie schlagfertig und erfolgreicher / Matthias Pöhm. - 10. Aufl. - Landsberg am Lech : mvg-verl., 2000
ISBN 3-478-72960-2

10. Auflage 2000



Umschlaggestaltung: Gruber & König, Augsburg
Textillustrationen: Renato V. Compostella/Gruber & König, Augsburg
Satz: Fotosatz H. Buck, Kumhausen
Druck- und Bindearbeiten: Ebner Ulm
Printed in Germany 072960/10003002
ISBN 3-478-72960-2

# Inhaltsverzeichnis

# Einleitung

DIOGENES war ein griechischer Philosoph der Antike, der in einem Fass lebte. Er hatte einen berühmten Zeitgenossen und Bewunderer: Alexander der Große. Alexander hatte das größte bis dahin existierende Reich erobert, war unumstrittener Herrscher fast über die ganze damals bekannte Welt und hatte Macht über alles im Staat. Obwohl Alexander sich als Nachfahre der Götter sah, hegte er eine große Bewunderung für Diogenes, den Philosophen, der in äußerster Bescheidenheit lebte. Die Bewunderung war allerdings nicht wechselseitig. Eines Tages kam Alexander zu Diogenes und sagte selbstherrlich zu ihm: „Diogenes, nenne mir irgendeinen Wunsch, egal, was es ist, ich werde ihn dir erfüllen." Darauf sagte Diogenes zu Alexander dem Großen: „Geh mir aus der Sonne."

Das ist eine Erwiderung, von der wir uns wünschen, sie wäre uns selbst eingefallen. Geistreich, doppeldeutig, mit einem versteckten Hieb. Das ist Schlagfertigkeit in Reinkultur.

Dieses Buch beschäftigt sich mit der Schlagfertigkeit unter dem Aspekt der Nachahmbarkeit. Philosophische Antworten wie die von Diogenes lassen sich nicht schematisieren. Aber ich stelle Ihnen genügend Reaktionsmuster vor, damit Sie nie wieder um eine wirksame Antwort verlegen zu sein brauchen.

Viele Menschen haben das Problem, dass sie in einer Situation, in der sie sich ungerechtfertigt angegriffen fühlen, sprachlos bleiben. Und erst Stunden später fällt ihnen ein, welchen brillanten Satz sie in dieser Situation hätten erwidern können.

Meine Nichte Michaela finanziert ihr Studium mit Nebenjobs. Eines Tages wurde sie engagiert, um bei einer Vernissage zu servieren. Andreas, ein weitläufiger Bekannter von ihr, war ebenfalls von der Veranstalterin engagiert, um Fotos zu machen. Er gehörte zu jener Art von Mensch, die sich zwar gerne zur Schicki-Gesellschaft dazuzählen, aber in Wahrheit immer nur am äußeren Kreis der Society dahindümpeln.

Irgendwann, während die Gäste die Bilder anschauten, ging er auf Michaela zu, musterte sie von oben bis unten und grinste verspannt: „Du siehst professionell aus. Aber ein kleiner Tipp: Du wirst hier bezahlt, um zu lächeln. Hast du mich verstanden?“ Dann schlenderte er betont lässig weiter.

Als Michaela bewusst wurde, dass sie spontan etwas hätte erwidern müssen, war er schon außer Hörweite. Wut kam hoch: „Was bildet sich der eigentlich ein? Er ist genauso von der Gastgeberin engagiert wie ich. Der hat mir absolut nichts zu sagen. Und dann noch so von oben herab.“

Sie können sich sicher vorstellen, wie sich Michaela danach das Hirn zermartert hat, was sie am besten hätte erwidern sollen.

Jeder hat solch hilflose Wut schon einmal erlebt. Mit der richtigen Strategie und der richtigen Grundeinstellung gelingt es in solchen Situationen, schnell zu reagieren. Nicht in 100 Prozent aller Fälle, aber wesentlich häufiger, als wenn man ohne Strategie in die Situation geht.

# Die zwei Grundformen der Schlagfertigkeit

Im Bayerischen Fernsehen gab es eine Talkshow mit Ottfried Fischer, genannt *Ottis Schlachthof.* Eines Tages war die Kabarettistin Hertha Schwätzig bei ihm zu Gast; Hertha Schwätzig kommt aus der emanzipierten Frauenszene. Nun saß sie inmitten einer Talkrunde von vier Männern. Ottfried Fischer sagte während des Interviews zu Hertha: „Mir ist aufgefallen, dass Frauen, die feministisches Kabarett machen, großen Mut zur Hässlichkeit haben." Darauf erwiderte Hertha Schwätzig: „Also, wenn du damit sagen willst, dass Emanzen immer hässlich sind, dann säße ich ja mit lauter Emanzen am Tisch!"

Das war eine schlagfertige Antwort. Hertha Schwätzig hat im Gegensatz zu meiner Nichte direkt reagiert. Da wird jemand angegriffen, der lässt sich aber nicht unterkriegen und kontert sofort. Das ist die erste Bedeutung des Wortes Schlagfertigkeit in der deutschen Sprache. Ich nenne sie die „Erwiderungsfertigkeit".

Schauen wir uns aber die drei nachfolgenden Beispiele an:

- Herr Brunner läuft mit großer Eile auf eine Bürotür zu. Er kann nicht wissen, dass von der anderen Seite ebenfalls jemand im gleichen Tempo auf dieselbe Tür zustürmt. Herr Brunner reißt die Tür auf und steht völlig überrascht dem anderen gegenüber. Der erschreckt: „Oh, mein Gott!" Herr Brunner erwidert: „Sie können auch Brunner zu mir sagen."

- Da sagt ein Mann mit kleiner Körpergröße: „… und das sag ich dem Chef geradewegs ins Gesicht.“ Sein Kollege fügt hinzu: „Ich heb dich dann hoch.“
- Eine Kandidatin bei Thomas Gottschalks *Haus-Party* sollte gebratene Kakerlaken essen. Die Arme versuchte sich herauszureden: „Ich hab kein Hunger, ich hab gerade Buletten und Kartoffelsalat gegessen.“ Darauf Gottschalk: „Wenn du die wieder sehen willst, dann iss.“

Diese drei Beispiele repräsentieren Situationswitze.

Und damit haben Sie die zweite Bedeutung des Wortes „Schlagfertigkeit“. Schlagfertigkeit ist auch die Fähigkeit, aus einer Gegebenheit heraus spontan einen Witz zu machen. In diesem Buch wird sie „Witzfertigkeit“ genannt. Die bekanntesten TV-Exponenten dieser Art der Schlagfertigkeit heißen Harald Schmidt, Stefan Raab, Karl Dall und Thomas Gottschalk.

Schlagfertigkeit gibt es also in zwei Varianten. Zum einen: sich gegen eine Verbalattacke geistreich zu verteidigen, und zum anderen: spontan eine witzige Bemerkung aus der Situation heraus zu machen. Zusammenfassend definiere ich Schlagfertigkeit wie folgt:

> Schlagfertigkeit ist das schnelle, unerwartete sprachliche Reagieren auf unvorhergesehene Situationen.

Dieses Buch beschäftigt sich mit beiden Aspekten der Schlagfertigkeit: mit der Erwiderungsfertigkeit und der Witzfertigkeit.

# Das Wort Schlagfertigkeit in anderen Sprachen

Wenn wir uns das Wort Schlagfertigkeit in anderen Sprachen anschauen, so sieht es dort ähnlich wie im Deutschen aus. Das am meisten gebräuchliche Wort im Englischen ist das Wort „wit". Es wird meist im Zusammenhang mit einem Adjektiv gebraucht. Clever-wit, ready-wit oder quick-wit. Wie im Deutschen wird es auch im englischen Sprachgebrauch in beiderlei Sinn verwendet. Zum einen versteht man darunter das spontane Reagieren auf einen Angriff und zum anderen die Fähigkeit, in jeder Situation eine witzige Bemerkung zu machen. Der Wortursprung im Englischen legt den Schwerpunkt auf den Aspekt des Witzigen. Das Wort „wit" heißt eigentlich Witz.

Umgekehrt verhält es sich im Französischen. Dort sind zwei Ausdrücke gebräuchlich: „la promptitude de répartie" und „la promptitude de riposte". Auch hier sind im Sprachgebrauch zwar wieder die beiden bekannten Bedeutungen des Wortes Schlagfertigkeit mit eingeschlossen. Aber der Wortursprung von „la répartie" oder „la riposte" umfasst im Gegensatz zum Englischen das Wortfeld „zurückgeben, entgegnen, erwidern". Also nicht den Aspekt des Witzes.

Bei den Franzosen gibt es auch noch einen weiteren Ausdruck, der allerdings mehr in der Umgangssprache zu Hause ist: „Répondre du tac au tac." Auch dieser Ausdruck stammt aus der Wortwurzel „entgegnen". Das Wort „du tac au tac" lässt sich mit „Degenklirren" übersetzen. Es braucht kein Sprachstudium, um zu erkennen, welches Bild dieser Art der Schlagfertigkeit zu Grunde liegt.

Beiden Sprachen gemeinsam ist die Verquickung mit „Schnelligkeit“. „La promptitude“ und „quick“ signalisieren, dass hier schnell reagiert werden muss.

Wenn wir uns schließlich den Begriff „Schlagfertigkeit“ vom Wortursprung im Deutschen anschauen, so klingt es brutal. Schlag-Fertigkeit. Hier wird gleich geschlagen. Gemeint ist wohl im Ursprung auch das Zurückschlagen. Die zweite Komponente des Wortes heißt „Fertigkeit“. Fertigkeiten wie Klavier Spielen, Schwimmen oder Auto Fahren kann man lernen, warum sollte das bei der Schlagfertigkeit anders sein?

Natürlich hängt das auch ein wenig vom Talent ab. Wenn Sie Talent mitbringen, werden Sie ein höheres Schlagfertigkeitsniveau erreichen, als wenn Sie kein Talent mitbringen. Das ist wie beim Auto Fahren. Nicht jeder hat das Zeug zur Formel 1, aber Auto Fahren kann jeder lernen. Zumindest jeder, der bereit ist, Energie dafür aufzuwenden.

## Schlagfertige Antworten wirken gesprochen immer besser als geschrieben

Am Ende eines Abendkurses, den ich über Schlagfertigkeit gegeben hatte, saßen wir noch mit allen Teilnehmern in einer Kneipe. Es gab nur einen einzigen Raucher in der Runde. Der steckte sich am Ende des Kurses natürlich seine verdiente Zigarette an. Plötzlich giftete ihn ein Nichtraucher scherzhaft an: „Ab nächstem Jahr werden alle Raucher erschossen." Der angegriffene Raucher gab eine kurze, bündige Antwort, worauf alle in schallendes Gelächter ausbrachen. Sie interessiert sicherlich, was er geantwortet hat. Er sagte: „Dann müsst ihr alle höhere Steuern zahlen." Vielleicht finden Sie diese Antwort gar nicht so genial.

Ich möchte Sie auf ein Problem bei schlagfertigen Antworten aufmerksam machen. Eine niedergeschriebene schlagfertige Antwort wirkt nicht immer genauso gut wie diejenige, die in der echten Situation gesprochen wurde. Das habe ich bei der Beschäftigung mit diesem Thema lernen müssen. Selbsterlebte oder im Fernsehen aufgezeichnete Repliken verlieren ihre Brillanz, wenn sie nur auf einem Blatt Papier zu lesen sind. Trotzdem hatten sie in der Situation ihre schlagfertige Wirkung.

Wenn Sie selbst witzige Antworten aufschreiben und dann beim Lesen den Eindruck haben, sie wirken nicht, so soll Ihnen das nicht den Mut nehmen, in der echten Situation genau diese Antworten zu geben. Sie wirken gesprochen fast immer besser.

## Die Facetten der Schlagfertigkeit in der realen Welt

Dieses Buch beschäftigt sich mit der Schlagfertigkeit in all ihren Facetten. Das schließt auch eine „brave" Schlagfertigkeit mit ein, die im Prinzip niemandem weh tut. Die andere, bissige Schlagfertigkeit existiert aber auch. Und sie ist weit mehr verbreitet als die „nette" Schlagfertigkeit.

Lieb sein genügt nicht immer.

Harry Holzheu, ein bekannter Schweizer Kommunikationstrainer, war Gast beim bissigsten Talkmaster der Schweiz, Roger Schawinsky. Roger Schawinsky ist dafür bekannt, dass er seine Gäste angreift und in bedrohliche Situationen bringt. Harry Holzheu konnte mit seiner Strategie des Lobens, „Herr Schawinsky, Sie sind ein sagenhafter Motivator, ich führe Sie immer als Musterbeispiel auf", beim Talkmaster leider keine Beißhemmung auslösen. Roger Schawinsky giftete unbeeindruckt und unverdrossen weiter: „Alle Ihre Bücher kann man auf drei Sätze reduzieren, und jetzt schreiben Sie noch das elfte Buch?" Herr Holzheu sah einfach nicht gut aus. Dagegen hilft mehr eine Schlagfertigkeit, die wirklich „schlägt".

Die Theorie in den Kommunikationsbüchern lautet: Wenn Sie den anderen wertschätzen, so wird er auch Sie wertschätzen. Das ist richtig, das funktioniert oftmals, bis eben auf die Ausnahmen. Und genau für diese Ausnahmen sollen Sie gewappnet sein.

Dieses Buch will den Ist-Zustand beschreiben, die Realität der Schlagfertigkeit, sowie sie uns in Beruf, Privatleben, Politik und Medien begegnet. Sie sollen schlagfertiger werden mit den echten Spielregeln des Lebens und nicht mit den Spielregeln, die innerhalb der heilen Kommunikationstheorie herrschen.

# Wie Sie am meisten von diesem Buch profitieren

In den nachfolgenden Kapiteln werden Ihnen Techniken zur Schlagfertigkeit vorgestellt. Am Ende jedes Kapitels gibt es immer Übungsbeispiele inklusive der möglichen Antworten. Für diese Übungsbeispiele, sollen Sie nur dann selbst Antworten suchen, wenn Ihnen die Technik gefällt. Ansonsten lesen Sie sich nur die Beispiele mit den Antworten durch. Sie sollen prinzipiell nur das lernen, was Ihnen Spaß macht.

Zusätzlich zu den Techniken sind Strategien, Regeln, Tipps und Grundhaltungen beschrieben. Alle Techniken, die sich eins zu eins mit dem Prinzip Verbalangriff – Erwiderung einüben lassen, sind mit einer in Klammern gesetzten Nummer vor der Kapitelüberschrift versehen. Das erleichtert Ihnen das systematische Training.

Bei vielen Techniken sind Standardantworten mit angegeben, die universell einsetzbar sind. Sie sind so gewählt, dass Sie sie fast immer anwenden können und damit bei den meisten Verbalangriffen fürs Erste aus dem Schneider sind.

Denn wenn Sie von einem Angriff getroffen sind, geht Ihr Hirn in den Stresszustand, wo es nur auf Flucht oder Angriff programmiert ist. Da können Sie nicht mehr klar nachdenken. Ihre Gedanken kreisen in einer Art Endlosschleife – „Ich *muss* jetzt etwas antworten" –, und durch diesen Druck fällt Ihnen erst recht nichts ein. Eine Stunde später haben Sie *die* Antwort. Klar, denn Sie stehen nicht mehr unter Stress. Die Standardantworten verhindern, dass Sie bei Angriffen in diesen Schockzustand geraten, der ein kühles Denken blockiert. Ohne Nachzudenken können Sie eine Erwiderung, wie einen Colt aus dem Halfter ziehen.

Um in Zukunft schnell zu reagieren und damit erst einmal handlungsfähig zu bleiben, ist es wichtig, ein überschaubares Repertoire von wenigen Standards im Schlaf zu beherrschen. Aus den angebotenen Standardantworten sollen Sie sich am Ende nur fünf heraussuchen, die Sie auswendig lernen. Übertragen Sie die von Ihnen ausgewählten Antworten in die leeren Zeilen auf Seite 221. Wenn Sie sich mehr als fünf Standards einprägen wollen, besteht die Gefahr, dass Sie zu lange unter den verschiedenen Antwortmöglichkeiten suchen und es dann plötzlich für eine Antwort schon zu spät ist.

## Trainieren mit der CD

Diesem Buch ist auf der Innenseite des Rückumschlags eine CD mit 500 Verbalattacken zum Trainieren der einzelnen Techniken beigelegt. Legen Sie die CD in Ihren CD-Player, suchen Sie sich eine Technik aus, mit der Sie antworten wollen und lassen Sie sich anfeuern. Nach jedem Angriff haben Sie 4 Sekunden Zeit eine Antwort zu finden. Sie müssen nicht zu jedem Angriff einen Einfall haben. Es reicht, wenn Sie bei der Hälfte eine Erwiderung finden. Das ist bereits ein Riesenerfolg. Üben Sie täglich je eine halbe Stunde. Zählen Sie Ihre gegebenen Antworten, die Sie pro Halbe Stunde haben geben können. Sie werden zufrieden mit sich sein, denn jede Woche werden Sie mehr schaffen. Das heißt Sie werden immer besser und immer schneller.

Machen Sie zunächst einen Durchgang, in dem Sie immer nur mit einer einzigen Technik antworten. Wenn Sie diese beherrschen, machen Sie einen Durchgang, wobei Sie sich zwei Techniken als Antwortmöglichkeit lassen. Wenn Sie diese intus haben, dann machen Sie einen Durchgang mit drei Antwortmöglichkeiten … u.s.w.

Testen Sie auch Ihre ausgesuchten Standardantworten anhand der Angriffe. Nehmen Sie Ihren fünf Standards auf der Seite 221 zur Hand und versuchen Sie auf alle Angriffe mit immer nur einem der fünf Standards zu kontern. So bekommen Sie ein Gespür dafür, wann der Standard klappt und wann nicht.

# 1. Teil: Grundlagen der Schlagfertigkeit

Wer schlagfertig werden will, der sollte nicht nur die einzelnen Techniken trainieren. Zur Schlagfertigkeit gehören einige Basisfertigkeiten, die schlagfertigeres Reagieren erst möglich machen. Man braucht einen großen Wortschatz, man muss assoziativ denken können, man muss gewillt sein, frech zu reagieren, und man braucht eine gewisse Schnelligkeit im Denken. Alles das lässt sich, aufbauend auf Ihrem Grundtalent, trainieren.

## Die zwei Grundprinzipien schlagfertiger Antworten

### Der nicht geschlossene Bogen

Winston Churchill wurde während einer Abendgesellschaft von einer Lady Astor angegriffen. Die Dame sagte: „Wenn ich Ihre Frau wäre, würde ich Ihnen Gift geben." Darauf antwortete Churchill: „Wenn ich Ihr Mann wäre, würde ich es nehmen."[1] Dies ist ein Musterbeispiel einer schlagfertigen Antwort. Die Geschichte ging aber weiter. Die Dame sagte daraufhin: „Herr Churchill, Sie sind ja total betrunken." Churchill gab zurück: „Der Unterschied zwischen mir und Ihnen ist: Wenn ich morgen aufwache, bin ich wieder nüchtern, Sie aber immer noch hässlich."

Die erste Antwort von CHURCHILL war hochgradig schlagfertig, die zweite Antwort eher plump. Warum?

**Je größer der gedankliche Bogen, den man noch ergänzen muss, desto schlagfertiger wirkt die Antwort.**

Die erste Antwort von Churchill: „Wenn ich Ihr Mann wäre, würde ich das Gift nehmen" heißt im Klartext: „Bei einer Hexe wie Ihnen bringt man sich besser selbst um." Hätte Churchill das damals so formuliert, wäre die Antwort nicht so schlagfertig erschienen.

Die Botschaft darf nicht direkt, sondern sollte durch die Blume ausgedrückt werden. „Wenn Sie aufwachen, sind Sie immer noch hässlich." Da muss der Zuhörer nichts mehr ergänzen. Hätte er gesagt: „Sie müssen sich morgen beim Blick in den Spiegel immer noch trösten, dass innere Werte wichtiger sind", hätte der Zuhörer einen gedanklichen Bogen ergänzen müssen, um auf dieselbe Aussage zu kommen. Churchill hätte schlagfertiger gewirkt.

Was ist der Unterschied zwischen Marx und Murks? Antwort: Marx ist Theorie, Murks ist die Praxis.

Warum ist dieser Witz nicht so witzig? Der Kreis wird vom Erzähler geschlossen. Es fehlt der Gedanke, der zu Ende gedacht werden muss. Wenn man als Auflösung nur sagt: „Marx ist Theorie …" und lässt den Zuhörer den Rest selbst ergänzen, wirkt es witziger.

Eine Antwort wirkt desto schlagfertiger, je größer der Bogen ist, den der Zuhörer noch ergänzen muss.

Wenn Ihnen jemand sagt: „Du siehst ganz schön übernächtigt aus" und Sie antworten: „Du siehst selber übernächtigt aus", so ist das nicht schlagfertig. Wenn Sie aber

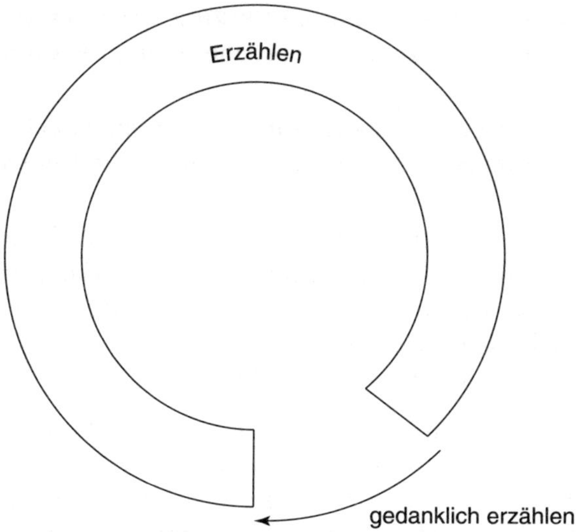


sagen: „Gott sei Dank hast du keinen Spiegel zu Hause“, dann ist die Botschaft dieselbe, aber der Zuhörer muss die Schlussfolgerung selbst ziehen.

## Die absurde Situation

■ Harald Schmidt hatte einmal Katharina Witt, die ehemalige Eiskunstlauf-Olympiasiegerin, zu Gast. Eiskunstläufer werden nach jeder Vorführung von einer Jury mit Punkten bewertet. Katharina Witt erzählte, dass sie kürzlich in einem Restaurant unglücklich ausgerutscht und hingefallen sei. Harald Schmidt fragte wie aus der Pistole geschossen: „Denkst du da gleich an die Wertung?“ Diese Bemerkung wirkt nur deshalb schlagfertig, weil sie ein Szenario beschreibt, das absurd genug ist.

■ Stau auf der Schweizer Autobahn. Der deutsche Mitfahrer: „Staus in der Schweiz sind Gott sei Dank niemals so lange wie in Deutschland.“ Der Schweizer Mitfahrer: „Doch, manchmal macht die Polizei Vollsperrung auf der Autobahn, damit wir mit den deutschen Staus mithalten können.“

Schlagfertige Antworten zeichnen selten ein reales, vernünftiges Bild. Es ist fast immer übertrieben, verzerrt und unsinnig.

> Je absurder das Szenario, desto schlagfertiger wirkt die Erwiderung.

Hier einige Beispiele, die unter anderem deshalb schlagfertig wirken, weil die Antwort absurd genug ist. Diesen Antworten sind noch andere Schlagfertigkeitsmuster überlagert. Sie werden im Laufe des Buches noch angesprochen.

- Ich hab so viel Geld auf der Bank, ich könnte mir drei Häuser am Ku'damm kaufen.
  ↳ *Aber ich verkaufe nicht.*
- Wie könnten wir den Glauben an Politik und Staat wieder herstellen?
  ↳ *Indem wir alle Beamten mit den Politikern erschlagen.*
- Du verbrauchst ganz schön viel Geld.
  ↳ *Ich hab 'ne gute Druckmaschine.*
- Schreib doch „Herzlichen Glückwunsch“ auf die Torte.
  ↳ *Gut, hol mir mal die Schreibmaschine.*
- Wieso sind Ihre Zähne so gelb?
  ↳ *Ich arbeite bei der Post.*

Beschreiben Sie also eine unmögliche, unsinnige Situation, in die Sie eine gegebene Bemerkung hineintransferieren. Absurd wird hier in dem Sinne von „weit hergeholt", „blödsinnig" verstanden. Sie bringen Welten zusammen, die sonst nichts miteinander zu tun haben.

Hören Sie sich den Beginn von folgendem Witz an: „Der Papst steht in der Warteschlange am Eingang zu einer Techno-Party …" Allein dieses Szenario macht schon neugierig. Zwei völlig gegensätzliche Welten werden sprachlich zusammengefügt. Das ist absurd.

Versuchen Sie einmal, sich zurückzuerinnern. Als Kinder und Jugendliche haben wir uns noch getraut, absurden Blödsinn zu machen und hemmungslos herumzualbern. Wir achteten kaum darauf, was die anderen von uns denken. Der Spaß stand im Vordergrund. Irgendwann haben wir aber begonnen, erwachsen zu spielen, die seriöse, triste Welt der Erwachsenen zu imitieren. Stück für Stück sind uns damit der Mut und die Fähigkeit, herumzublödeln, abhanden gekommen. Trauen Sie sich wieder, Nonsens zu reden. Lassen Sie los! Denken Sie nicht daran, was die anderen davon halten. Ihre Schlagfertigkeit steigert sich wesentlich dadurch.

## Fragen mit Nonsens beantworten (1)

Sie alle kennen die unangenehmen, persönlichen Fragen, bei denen man meist mit „Darüber möchte ich nicht reden" antwortet. Das ist die übliche brave Verteidigungsantwort. Sie wirkt weder schlagfertig noch originell. Lassen Sie uns an Hand solch „peinlicher" Fragen trainieren, wie man schlagfertige Antworten geben kann, indem man absurden Blödsinn erwidert.

Was ist eigentlich Nonsens? Nonsens ist, wenn Sie wissen, was der Frager meint, aber Sie übertragen es auf einen anderen Bereich. Da fragt Sie jemand: „Welche Charaktereigenschaften finden Sie bei sich am schlimmsten?" Sie wissen, was er damit meint, aber Sie suchen jetzt einen anderen Bereich, einen anderen Denkrahmen, in den Sie die Frage übertragen. Sie antworten ganz was anderes, als er beabsichtigt hatte. Sie könnten antworten: „Ja, meine Achselnässe".

Nachfolgend einige „unangenehme" Fragen, die Sie bitte zur Übung mit „Nonsens" beantworten sollen. Bitte decken Sie die Antworten ab, und versuchen Sie, eigene Antworten zu finden.

- Was, wenn man Ihnen kündigen würde?
  ↳ *Spaghetti anpflanzen.*
- Was denken Sie gerade?
  ↳ *Wie viel das Nutella bei Coop kostet.*
- Welches ist Ihre größte Angst?
  ↳ *Dass mein Hund das Singen anfängt.*
- Was würden Sie tun, wenn der Arzt Ihnen sagt, Sie haben nur noch zwei Monate zu leben?
  ↳ *Ich würde sofort den Arzt wechseln.*
- Wo liegen Ihre Fehler?
  ↳ *In der Schublade.*
- Wer in der Gruppe ist Ihnen am unsympathischsten?
  ↳ *Der mit dem Holzauge.*

- Wie viel verdienen Sie?
  ↳ *Eine Ohrfeige.*
- Was an Ihnen finden Sie unansehnlich?
  ↳ *Meine Leber.*
- Welche Nationalitäten mögen Sie nicht?
  ↳ *Schwiegermütter.*
- Möchten Sie wirklich noch einmal als Mann geboren werden?
  ↳ *Nein, als Pinguin.*
- Was tun Sie beruflich?
  ↳ *Kommt auf die Jahreszeit an.*

Es gibt zwei Nonsens-Standardantworten, die Sie sich einprägen können, weil sie auf fast alle unangenehmen Fragen passen.

**Standards:**

- *Das kommt auf die Jahreszeit an.*
- *Da muss ich erst meinen Bewährungshelfer fragen.*

Das absurde Reagieren eignet sich auch bei Vorwürfen und Angriffen. Es gibt zwei Nonsens-Standardantworten, die fast immer passen, wenn Ihnen ein Vorwurf gemacht wird. Da sagt Ihnen jemand beispielsweise: „Sie gehören doch in die Irrenanstalt." Sie antworten:

**Standards:**

- *Ich mag Ihre Witze.*[2]
- *Aber das reimt sich doch gar nicht.*

# Die Grundeinstellung ist wichtiger als die Technik

Die in diesem Buch vorgestellten Techniken allein machen Sie noch nicht schlagfertig. Um schlagfertig zu werden, ist unsere Grundeinstellung fast noch wichtiger. Wenn Sie eher eine defensive Person sind, müssen Sie bereit sein, innerlich aufzustehen und Ihre Position zu verteidigen. Sie müssen bereit sein, einem anderen zu sagen: „So weit und nicht weiter – das lass' ich mir nicht gefallen!" Es nützt nämlich nichts, wenn Sie verschiedene probate Techniken beherrschen, sich aber im entscheidenden Moment nicht trauen sie anzuwenden, weil Sie denken: „Aber sowas darf man doch nicht sagen!" Und danach leiden Sie wieder.

René EGLI schreibt in seinem Buch *Das Lola-Prinzip:* „Wir müssen damit aufhören nur „nette“ Dinge zu sagen und zu tun, damit wir ja niemanden stören oder verletzen. Wir müssen damit beginnen, völlig selbständig zu denken: unabhängig von allem, was uns Eltern, die Schule, die Nachbarn, die Medien etc. vorgedacht haben.“

Schlagfertige Menschen sind Menschen, die Ecken und Kanten zeigen, die auch mal im Mittelpunkt stehen können, die nicht krampfhaft wollen, dass ja niemand schlecht von ihnen reden kann und die riskieren, dass einer mal nicht applaudiert, bei dem was sie sagen oder tun.

Eigentlich ist es gar nicht so wichtig, was Sie sagen, wichtiger ist, dass Sie überhaupt etwas sagen.

Sie können auch eine körpersprachliche Kurzprogrammierung für Ihr Verhalten vornehmen. Wenn Sie vor einer Situation stehen, in der Sie schlagfertig reagieren wollen, krempeln Sie symbolisch Ihre Ärmel hoch. Das bekräftigt Ihre Einstellung: „Ich behaupte meine Position.“ Sie unterstützen körpersprachlich Ihre Kampfbereitschaft. Machen Sie das vor allem vor Situationen, bei denen Sie eine Auseinandersetzung fürchten.

Die Grundeinstellung zu ändern bedeutet, tief in Ihrer Persönlichkeit etwas dauerhaft zu verändern. Ihre echten Gedanken müssen anders werden – nicht nur das Verhalten nach außen.

Das ist das Problem bei vielen Seminaren und Lebenshilfebüchern. Dort wird die Seligkeit billiger verkauft, als sie zu haben ist. Zum Beispiel beim Verkaufstraining. Den Teilnehmern wird eingepaukt, den Kunden als Freund zu betrachten. Die Idee ist gut, aber sie funktioniert nicht.

Sie können nicht den Kunden isoliert als Freund betrachten und gegenüber dem Rest der Welt unverändert bleiben. Das ist eine Maske, eine Oberflächeneinstellung. Ihre Grundeinstellung ändert sich nur, wenn Sie *alle* Menschen als Freunde betrachten. Auch den Untergebenen, auch Ihren Nachbarn, auch Ihre Schwiegermutter, auch den Obdachlosen, an dem Sie sonst vielleicht achtlos vorübergehen.

Die Grundeinstellung ändern bedeutet mehr, als man den Leuten oft vorgaukelt. Sie müssen bereit sein, sich als Mensch zu ändern, das heißt, in allen Bereichen ein anderer zu werden – dauerhaft.

Eine Möglichkeit, Ihre Grundeinstellung dauerhaft zu verändern, wird im Kapitel „Die SimulGAN-Technik“ im Abschnitt „Mit Suggestion die Zukunft beeinflussen“ beschrieben.

Rupert Lay schreibt in seinem Buch *Dialektik für Manager*: „Die Lektüre dieses Buches ist für die Vorbereitung auf ein Dialektik-Seminar außerordentlich nützlich, kann es aber nicht ersetzen.“ Ähnliches gilt für die Schlagfertigkeit.

# Großer aktiver Wortschatz

Schlagfertigkeit ist immer auch ein Spiel mit Worten. Je größer Ihr aktiver Wortschatz ist, desto schlagfertiger können Sie reagieren.

Der gesamte Wortschatz der deutschen Sprache umfasst ca. 400.000 Wörter. Der Rechtschreibduden (Ausgabe 1996) enthält mehr als 115.000 Wörter. Ihr passiver Wortschatz, das heißt alle Wörter, die Sie verstehen, aber nicht zwingend selbst benutzen, umfasst ca. 50.000 Wörter. Lesen Sie bitte folgenden Satz: „Auch die heutigen nüchternen Windkanalformen der Autos verwandeln sich mit zunehmendem Alterungsprozess in nostalgisch-verklärte Schwärmereien."[3] Sie haben kein Problem, den Satz zu verstehen. Das Wort „verklärt" ist den meisten Lesern bekannt, aber selbst benutzt hätten es an dieser Stelle wohl wenige, weil es nicht zum aktiven, sondern nur zum passiven Wortschatz gehört. Ihr aktiver Wortschatz, d.h. alle Wörter, die Sie im Laufe eines Jahres mindestens ein Mal benutzen, umfasst ca. 3.000 bis 5.000 Wörter. Die *Bildzeitung* kommt mit ca. 1.000 aus.

Wie lässt sich nun der aktive Wortschatz erweitern? Ich schlage Ihnen fünf Übungen vor.

## Laut lesen

Lesen Sie in Zukunft alles laut. Der Lerneffekt, wenn Sie aktiv etwas tun, ist um ein Vielfaches höher, als wenn Sie nur passiv sind. Ihr aktiver Wortschatz ist der Wortschatz, den Sie wirklich benutzen. Wenn Sie laut lesen, sind Sie aktiv. Das Lesen allein reicht nicht. Sonst hätten alle Zeitungsleser, die täglich mindestens 15 Minuten die Zeitung lesen, einen gigantischen Wortschatz. Das, was Sie schon einmal ausgesprochen haben (nämlich laut beim Lesen), werden Sie leichter reproduzieren. Wenn Sie vier Mal den Namen des japanischen Ministerpräsidenten Hashimoto laut aussprechen, so ist die Chance, dass Sie sich daran erinnern, größer, als wenn Sie, wie üblich, mit dem Blick zum nächsten Wort schweifen. Fangen Sie bitte ab jetzt an, dieses Buch laut zu lesen. Trauen Sie sich. Bereits nach 10 Minuten werden Sie sich daran gewöhnt haben!

## Zeitungsartikel zusammenfassen

Fassen Sie Zeitungsartikel, die Sie ja wahrscheinlich sowieso jeden Tag lesen, nach dem Lesen noch einmal für sich zusammen. Am besten laut. Das können Sie sogar leise vor sich hinmurmelnd in der Straßenbahn tun, das merkt niemand. Automatisch benutzen Sie Formulierungen, Redewendungen und Worte des Journalisten, und damit erweitern Sie kontinuierlich Ihren aktiven Wortschatz. Nebeneffekt: Sie behalten viel mehr von dem gelesenen Zeitungsartikel. Ihre Allgemeinbildung wächst.

## Kartei von guten Ausdrücken anlegen

Legen Sie sich eine Kartei (bzw. Ordner, Heft, Computerdatei) von Ausdrücken und Formulierungen an, an denen Sie Gefallen finden. Schreiben Sie aber nur komplette Sätze, keine einzelnen Wörter. Sprechen Sie diese auf Kassette, und hören Sie sich diese Kassette regelmäßig an. Zum Beispiel im Auto auf dem Weg zur Arbeit. Stück für Stück werden diese Redewendungen und Worte zu Ihrem aktiven Wortschatz.

## Jedes Substantiv und Verb mit einem Adjektiv bzw. Adverb versehen

Lesen Sie ein beliebiges Buch oder einen Zeitungsartikel. Finden Sie zu jedem Substantiv ein Adjektiv und zu jedem Verb ein Adverb. Nachfolgend einige Übungsbeispiele. Decken Sie die Antworten ab, und versuchen Sie, selbst Lösungen zu finden.

Ich legte die Schrauben in seine Hände.
Ich legte die verrosteten Schrauben sanft in seine schwieligen Hände.

Der Blick in die Vergangenheit macht sie glücklich.
Der verklärte Blick in die traurige Vergangenheit macht sie innerlich glücklich.

Das Publikum klatschte Beifall.
Das gelangweilte Publikum klatschte befreit Beifall.

Der Abgrund wurde durch Hecken verhüllt.
Der gähnende Abgrund wurde wohltuend durch dichte Hecken verhüllt.

Er fragte: „Sind Sie damit einverstanden?“ Alle nickten.
Er fragte mit einem unschuldigen Augenaufschlag: „Sind Sie damit einverstanden?“ Alle nickten andächtig.

### Verben in Sätzen ersetzen

Tauschen Sie bei Zeitungsartikeln oder in einem Buch jedes Verb aus.

Beispiel:

Die Lust, eine eigene Firma zu gründen, hängt offensichtlich nicht vom Alter ab.
Die Lust, eine eigene Firma auf die Beine zu stellen, ist nicht ans Alter gekoppelt.

## Mut zum frech sein

Schlagfertigkeit, so weit es sich um die Erwiderungsfertigkeit handelt, ist selten nett und oft verletzend. Es gibt fast immer eine Person, die sich getroffen fühlt. Schlagfertigkeit bleibt nicht sachlich. Vera F. Birkenbihl schreibt in ihrem Buch *Rhetorik:* „Ein Aspekt der so genannten Schlagfertigkeit ist die innere Bereitschaft zu schlagen.“ Es ist immer ein Stück Frechheit und Beleidigung dabei. So ist die Realität schlagfertiger Antworten. Ob man sich das wünscht oder nicht.

„Wenn ich Ihr Mann wäre, würde ich das Gift nehmen.“ Wie mag sich die arme Lady Astor bei dieser Antwort von Churchill gefühlt haben?

Frechheit gehört zur Schlagfertigkeit. Wenn Sie ein Mensch sind, der es allen immer recht machen und niemandem weh tun will, der niemals auffallen will, dem wichtig ist, dass niemand schlecht von ihm spricht, und dessen Ziel es ist, den Erwartungen der anderen immer zu entsprechen, dann werden Sie niemals schlagfertig sein können.

**Trauen Sie sich, frecher zu sein, Sie dürfen es.**

Die in dem Cartoon auf Seite 28 dargestellte Szene hat sich tatsächlich so zugetragen.

Eine mir bekannte Sekretärin aus Zürich, die von ihrem Wesen her der Liebreiz in Person ist, fing bei einem neuen Arbeitgeber an. Eines Tages sollte sie handschriftliche Notizen ihres neuen Chefs in ein Textverarbeitungssystem eingeben. Das Gekrakel war jedoch nicht zu entziffern. Also sagte sie zu ihrem Chef: „Ich kann Ihre Schrift nicht lesen." Darauf sagte der Chef: „Ich gebe Ihnen vier Monate, um meine Schrift erkennen und entziffern zu lernen." Darauf sie: „Ich gebe Ihnen zwei Wochen, so zu schreiben, dass ich's lesen kann."

Ihnen gefällt die Antwort, stimmt's? Die Antwort ist deswegen so gut, weil sie frech genug war.

Schlagfertigkeit ohne eine Portion frech sein ist eine stumpfe, harmlose Waffe. Der Chef hat übrigens herzhaft gelacht.

Durchbrechen Sie Ihre Bravheitsschablone. Haben Sie den Mut, Kanten zu zeigen. Wer frech sein übt, baut gleichzeitig sein Selbstbewusstsein auf.

Vatertag ist das Gegenstück zum Muttertag, allerdings nicht so etabliert. An diesem Tag sagte der Vater nach dem Mittagstisch: „Heute ist Vatertag, da brauch ich mal nicht zu helfen." Darauf erwiderte die 17-jährige Tochter: „Wir haben das ganze Jahr Vatertag." Das war frech, das war schlagfertig.

Wenn Sie schlagfertiger werden wollen, müssen Sie sich damit abfinden, dass Sie im Mittelpunkt stehen werden. Sie sind dann frech, vorwitzig und wollen es nicht mehr allen recht machen. Diese Rolle müssen Sie innerlich erst annehmen.

Für das Training Ihrer „Frech-Fertigkeit" schlage ich Ihnen folgende Übungen vor. Dabei geht es auch um die Erfahrung, dass Sie nicht immer von jedermann beklatscht werden, wenn Sie originell, schlagfertig und frech sind.

Wenn Sie am Telefon eine Telefonnummer diktiert bekommen, so wiederholen Sie diese Nummer – aber komplett falsch.

Anrufer: „Meine Nummer lautet: 77 23 45 23."
Sie: „Ich wiederhole. Ihre Nummer lautet: 44 65 73 60."

Wenn der andere nicht lacht, sei's drum. Sie haben geübt, frecher zu sein. Das ist der Erfolg. Im Normalfall lachen die Leute herzlich. Wenn nicht, wissen Sie, mit wem Sie's auch sonst zu tun haben.

Besprechen Sie Ihren Anrufbeantworter neu, und zwar so, dass Sie den Anrufer verwirren oder hinters Licht führen.

„Rolf Kaiser, guten Tag … [drei Sekunden Pause] … haha, haha! Hier ist gar nicht Rolf Kaiser, hier ist nur sein Anrufbeantworter. Sprechen Sie trotzdem nach dem Pfeifton."

Der Anrufer hat im Normalfall sein Anliegen bereits in die drei Sekunden Pause hineingeplappert.

Noch ein Spruch für Ihren Anrufbeantworter: „Guten Tag, ich bin gerade beim Sex oder beim Einkaufen. Bitte sprechen Sie jetzt."

Wenn jemand sich darüber aufregt, seien Sie dankbar. Mit diesem Spielchen lernen Sie Leute wirklich kennen. Bei dieser Übung geht es hauptsächlich darum, dass Sie einmal den Mut haben, frecher zu sein als üblich – und das Risiko eingehen, dass es mal jemand nicht gut findet.

## Assoziatives Denken

Um schlagfertiger zu werden, ist es wichtig, assoziativ denken zu können. Assoziativ heißt: zu einem Stichwort artverwandte Einfälle zu haben. Es sind die kreativen, verrückten Gedankensprünge, die einen schlagfertigen Menschen ausmachen. Diese Fähigkeit hatten wir als Kinder noch im Überfluss, im Laufe des Erwachsenenlebens ist sie den meisten abhanden gekommen. Das lässt sich jedoch trainieren. Es gibt eine Unzahl von Übungen hierzu. Ich möchte Ihnen vier davon vorstellen.

### Buchstabenabkürzungen anders deuten

Fast jede Firma, jede Behörde hat heutzutage eine Abkürzung als Firmennamen (AEG, FBI, BMW … usw.). Wenn die Diskussion darauf kommt, was diese Abkürzung eigentlich heißt, so wünsche ich mir in Zukunft von Ihnen, dass Sie niemals mehr nach der echten Bedeutung suchen, sondern bewusst Unfug als Antwort geben. Das trainiert einerseits hervorragend Ihre assoziativen Fähigkeiten und ist gleichzeitig ein erprobtes Witzmuster. Die Leute erwarten nicht, dass Sie systematisch nach einer „falschen“ Antwort suchen, und halten Sie für originell und schlagfertig. Dabei liegen Sie nur auf der Lauer. Je blödsinniger und frecher Sie reagieren, desto spaßiger wirkt die Antwort.

Bitte decken Sie die Interpretationen auf der rechten Seite ab, und versuchen Sie, eigene zu finden. (Schreibfehler sind erlaubt.)

| | |
|---|---|
| FDP | Filz, Duckmäuser u. Pantoffelhelden |
| FIAT | Fehlerhaft in allen Teilen |
| ARD | Alles rechte Drückeberger |
| KGB | Kriminelle greise Biester |
| BMW | Bei mir wackelt's |
| UNO | Ulrich nagt Ostereier |
| PLO | Präsidenten lachen oft |
| IRA | Idioten rasten aus |
| IBM | Immer billige Maschinen |
| VW | Verarbeitetes Wellblech |
| AEG | Auch Eierlikör gleitet |
| FBI | Verrückte ballern immer |
| ff. | Viel Vergnügen |

## Assoziationsübungung mit einzelnen Begriffen

Nehmen Sie wieder die Zeitung oder ein Buch und daraus ein beliebiges auftauchendes Substantiv, dann schreiben Sie ihre Assoziationen dazu auf.

Hier drei Beispiele. Halten Sie wieder die Antwort zu, finden Sie eigene Assoziationen.

| | |
|---|---|
| Brot | Hunger, Konfitüre, Mehl, Weizen, essen, Bäcker, Bäckerei, Kruste, Semmelbrösel … |
| Telefon | Handy, warmes Ohr, Telefonrechnung, Tastatur, Post, Monopol, Glasfaserkabel, Anrufbeantworter … |

| | |
|---|---|
| Universität | Professor, Student, Prüfung, Doktorhut, Partys, Parkplatz, Diplom, Hörsaal, Schreibblock … |

## Baumsilhouetten und Wolkenformationen als Bilder interpretieren

Interpretieren Sie eine Wolkenformation oder eine Baumsilhouette als ein Bild. In Wolkenformationen können Sie mit etwas Fantasie ein Schloss, einen Engel, ein Pferd mit Reiter oder ähnliche Bilder erkennen. Beschreiben Sie dieses Bild einem Freund. Der muss so lange hinschauen, bis er dasselbe Bild sieht. Dann wechseln Sie die Rollen. Sie können die Übung aber auch alleine für sich machen.

## Assoziationskette bilden

Nehmen Sie zwei beliebige Wörter aus der Zeitung. Jetzt finden Sie zum ersten Wort eine Assoziation, die sich ein Stück weit dem zweiten Begriff nähert. Dann suchen Sie wieder einen Assoziationsbegriff, und das tun Sie, bis Sie die Verbindung von einem zum anderen Begriff gefunden haben.

Beispiel: „Arbeitslosigkeit" soll zu „Hundefutter" führen.

Arbeitslosigkeit – Arbeitsamt – Stempelgeld – Geldausgaben – Einkaufen – Hundefutter

# Schnelles Denken

Um schlagfertig reagieren zu können, reicht es nicht, nur einen großen Wortschatz zu haben, sondern man muss auch schnell auf diese Worte zugreifen können. Dies kann geübt werden.

Ihr Hirn ist ein unheimlich leistungsfähiges Instrument. Es hat Fähigkeiten, von denen Sie nichts ahnen. Teilweise müssen diese Fähigkeiten durch Training erworben werden, teilweise haben Sie Fähigkeiten, von denen Sie nichts wissen, die Sie aber sofort aktivieren können – zum Beispiel beim Lesen. Lesen Sie einmal einen Text laut in Ihrem gewohnten Lesetempo. Jetzt geben Sie sich den Befehl, den Text doppelt so schnell zu lesen. Sie werden sehen, Ihr Hirn wird nach kürzester Zeit in der Lage sein, ein wesentlich höheres Tempo einzuhalten als vorher.

Dieselbe Übung können Sie mit dem Sprechen machen. Versuchen Sie einfach einmal, während Sie sprechen, Ihre Sprechgeschwindigkeit zu erhöhen. Sie werden sehen, es gelingt Ihnen.

Wenn Sie in Zukunft lesen, versuchen Sie, schneller zu lesen, als es Ihrer normalen Lesegeschwindigkeit entspricht. Wenn Sie sprechen, versuchen Sie, schneller zu sprechen, als es Ihrem normalen Sprechrhythmus entspricht. Nach einer bestimmten Zeit wird ein höheres Sprech-/Lesetempo für Sie zur Gewohnheit. Damit erhöhen Sie Ihre Denkgeschwindigkeit. Dieses Training können Sie ohne zusätzlichen Zeitaufwand machen, Sie lesen und sprechen ja sowieso tagtäglich.

Hier noch eine weitere Übung zum schnellen Denken. Machen Sie die im vorigen Kapitel vorgestellten Assoziationsübungen, diesmal aber auf Zeit. Wenn Sie alleine üben wollen, messen Sie die Zeit, die Sie brauchen, um ein Ergebnis zu erzielen. Wenn Sie mit mehreren üben, spielen Sie gegeneinander. Wer zuerst eine vorgegebene Anzahl von Lösungen geliefert hat, schreit Stopp und hat gewonnen. Sie werden mit der Zeit merken, dass es Ihnen immer schneller gelingt, Assoziationen zu finden.

## Die SimulGAN-Technik©

Im Laufe meiner dreijährigen Sprachausbildung orientierte ich mich neben den zu absolvierenden Übungen vor allem an Sprechern, deren Intonation mir gefiel. Tag für Tag, Woche für Woche, Monat für Monat, Jahr für Jahr imitierte ich gesprochene Sprache. Eines Tages entdeckte ich eine Fähigkeit bei mir, die mich überraschte und auf die ich stolz war. Ich war plötzlich in der Lage, einen beliebigen unbekannten Sprecher zu hören und fast zeitgleich fehlerfrei nachzusprechen. Und das in jeder Geschwindigkeit und sogar bei Fremdsprachen, die ich beherrschte. Ich war begeistert! Ich habe das meinem jahrelangen Training zugerechnet. Stolz demonstrierte ich eines Tages meiner Freundin diese Fähigkeit. Die sagte: „Oh, das kann ich sicher nicht, ich versuch es aber trotzdem mal." Sie legte sich eine Kassette französischer Nachrichten ein, wohlgemerkt französischer (!) Nachrichten. Sie spricht Französisch, aber nicht perfekt, und ich fiel fast vom Stuhl – sie konnte das beinahe genauso gut wie ich! Und das noch in einer fremden Sprache! Ich dachte bei mir: „Moment, ich gehe doch nicht drei Jahre fast täglich trainieren, und eine völlig ungeübte Person kann das genauso wie ich?" Entweder war meine Freundin ein Genie, oder andere konnten das auch. Also nahm ich Sprachkassetten mit in meine Kurse und machte eine gigantische Entdeckung. Jeder Mensch hat diese Fähigkeit in sich und weiß nichts davon. Machen Sie gleich einmal den Test. Legen Sie das Buch zur Seite, drehen Sie das Radio an, und sprechen Sie einem beliebigen Moderator „simulgan" nach. Ohne Probleme sind Sie dazu in der Lage.

Das Wort, das sie gerade gelesen haben und das Ihnen vielleicht falsch vorkam, ist richtig. Ich nenne diese Fähigkeit SimulGAN-Technik© oder simulgan© sprechen.

SimulGAN steht für **Simul**tan **G**leichzeitig **A**ufnehmen und **N**achsprechen.

Wichtig bei dieser Wortneuschöpfung ist das Wort „Aufnehmen". Viele, die zum ersten Mal simulgan sprechen, sprechen zwar den gehörten Text korrekt nach, aber sie wissen nicht mehr, worüber sie gesprochen haben. Der Inhalt wurde nicht aufgenommen. Aber das können Sie ganz einfach durch eine Willensentscheidung im Kopf umstellen. Sagen Sie sich, dass Sie ab jetzt auch verstehen werden, was Sie da nachsprechen. Ich mache den Versuch immer wieder in meinen Seminaren. Teilnehmer, die meinen, sie können den Inhalt dessen nicht wiedergeben, was sie simulgan sprechen, bekommen einen neuen Kassettentext mit der Aufgabe, anschließend zusammenzufassen, was sie simulgan gesprochen haben. Allein die Aufgabenstellung reicht in den meisten Fällen, dass sie es plötzlich können.

Sie können jederzeit jeden beliebigen Sprecher nachsprechen. Jedes Mal wenn Sie Nachrichten hören, jedes Mal wenn Sie einen Reisefilm anschauen, jedes Kassettenseminar, jede Infosendung in Radio oder Fernsehen: Sie können ohne zusätzlichen Zeitaufwand einen enormen Nutzen erzielen, indem Sie so oft wie möglich das simulgane Sprechen üben.

Worin besteht nun dieser Nutzen, den die SimulGAN-Technik für die Grundlagen der Schlagfertigkeit bietet?

## Der Wortschatz wird größer

Zunächst einmal erweitern Sie Ihren Wortschatz. Wie beim lauten Lesen sind Sie beim simulgan Sprechen aktiv. Gehörtes besitzt einen höheren Erinnerungswert als Gelesenes. Jedes Wort wird aber nicht nur gehört, sondern gleichzeitig inhaltlich vom Hirn verarbeitet und dann noch nachgesprochen. Sie haben es mit Ihren Sprechwerkzeugen bereits formuliert. Den höchsten Behaltenswert haben Sie, wenn Sie selbst etwas tun. Nur wenn Sie einen Ausdruck zwei-, dreimal in den Mund genommen haben, werden Sie ihn irgendwann einmal auch selbst benutzen.

## Die Reaktionszeiten werden kürzer

Jeder Mensch kann simulgan sprechen, trotzdem gibt es zwei Unterschiede zwischen dem, der dies trainiert hat, und dem, der frisch damit anfängt. Der erste Unterschied liegt darin, dass die Fehlerquote beim Trainierten natürlich geringer ist. Als Neuling fangen Sie vielleicht mit 75 Prozent korrektem Sprechen an, wohingegen Sie nach regelmäßigem Training auf 90 Prozent bis 95 Prozent kommen. Der entscheidende Unterschied ist aber, dass die Reaktionszeit zwischen Hören und Sprechen bei Trainierten kürzer ist. Sie können schneller mit Ihrer Sprache folgen, und damit werden Sie schneller im Denken. Sie vergrößern ohne zeitlichen Mehraufwand Ihren Wortschatz und verkürzen die Zugriffszeit auf die Worte.

## Die Aussprache wird besser

Sie bekommen eine bessere, klarere und deutlichere Aussprache. Der Mensch lernt in der Hauptsache durch Nachahmung. 80 bis 90 Prozent Ihres Verhaltens haben Sie durch Imitation erworben. Die Dinge, mit denen Sie sich umgeben, prägen Sie. Wenn Sie simulgan sprechen, können Sie gar nicht anders, als die Aussprache der Sprecher zu imitieren. Das sind Profis mit perfekter Aussprache. Ihre Aussprache wird im Laufe der Zeit zwingend besser. (Vielleicht sogar eine Möglichkeit für Loda Maddäus ...?)

## Das Sprechtempo wird schneller

Sie folgen automatisch der Geschwindigkeit des Originals. In kürzester Zeit haben Sie sich selbst auf das Maschinengewehr-Tempo eines Dieter Thomas Heck eingestellt. Ihr Hirn ist zu weit mehr in der Lage, als man ihm allgemein zutraut. In meinen Seminaren mache ich gern einen Versuch: Ich erhöhe die Abspielgeschwindigkeit einer mit Nachrichten besprochenen Kassette innerhalb von 10 Sekunden um 25 Prozent. Ohne Probleme folgen die Teilnehmer auch diesem Sprechexperiment.

## Sprachen lernen wird leichter

Wenn Sie die Grundbegriffe einer Fremdsprache kennen, können Sie ohne weiteres einen beliebigen Text in dieser Sprache simulgan nachsprechen. Das ist ein hervorragendes Training, um Ihre Fremdsprachenkenntnisse wesentlich zu verbessern. Ich spreche beispielsweise regelmäßig die französischen Abendnachrichten im Fernsehen simulgan mit. Das macht riesigen Spaß. Wenn ich in Englisch moderieren muss, mache ich einige Tage vorher dieses Simulgan-Training mit Englischkassetten. Mein Sprach- und Sprechvermögen in Englisch wird innerhalb kürzester Zeit wesentlich besser. Es ist gar nicht so wichtig, ob Sie nun 15 oder 30 Prozent des Inhalts nicht verstehen. Das, was Sie verstehen, schleift sich bei Ihnen ein. Und das ist ein gigantischer Fortschritt. Das geht alles ohne zusätzlichen Zeitaufwand. Nachrichten hören Sie sowieso.

Die SimulGAN-Technik wird das Sprachen lernen von Kassette drastisch verändern. Bei bisherigen Kassetten-Sprachlernprogrammen mussten Sie entweder die Kassette anhalten, um dann den vorgegebenen Text nachzusprechen, oder es wurde eine Pause zu diesem Zweck eingespielt. Oder aber Sie mussten den Text fast auswendig können, um ihn dann quasi im Chor zeitgleich mitzusprechen. Das alles brauchen Sie nicht mehr. Sie können sofort – beim ersten Anhören der Kassette – die Fremdsprache simulgan, minimal zeitversetzt nachsprechen. Der Übungseffekt ist um ein Vielfaches größer.

## Sprachen lernen mit der Birkenbihl-Methode

In Kombination mit der Parallel-Lernmethode von Vera F. Birkenbihl, die in ihrem Buch „Stroh im Kopf?" vorgestellt wird, ergeben sich ungeahnte neue Möglichkeiten. Was heißt zunächst Parallel-Lernmethode?

Sie hören einen Text, ob von Kassette oder Radio oder wo auch immer, und ihr Unterbewusstsein nimmt diesen Text auf, ohne dass Sie sich darauf konzentrieren müssen.

Das funktioniert tatsächlich. Während ich diese Zeilen schreibe, höre ich beispielsweise mit einem Walkman eine Kassette mit französischen Nachrichten, die ich aufgenommen habe – immer und immer wieder. Sie sehen, man kann dabei ohne weiteres vollkommen konzentriert arbeiten.

Denselben Effekt gibt es, wenn Sie mit einer Gruppe von Freunden an einer Hotelbar sitzen und sich amüsiert und selbstvergessen unterhalten. Im Hintergrund spielt der Barpianist den ganzen Abend ein und dieselbe Melodie. Nachts um ein Uhr laufen Sie über den Parkplatz zu Ihrem Auto. Sie pfeifen eine Melodie. Die Melodie des Barpianisten! Sie haben nicht ein einziges Mal bewusst hingehört. Aber Ihr Unterbewusstsein hat das für Sie übernommen. Diesen Effekt nutzen wir aus. Sie hören immer und immer wieder ein und denselben Text. Sie können einen deutschen Text nehmen, dadurch verbessern Sie Ihren Wortschatz, oder aber einen Text in einer Sprache, die Sie im Ansatz bereits beherrschen. Wichtig ist, dass Sie den Text mindestens ein Mal verstanden haben. Fremde Vokabeln müssen Sie nachgeschlagen haben. (Sie können mit dieser Methode keine Ihnen völlig unbekannte Sprache lernen.) Damit verankern Sie die Sprache in Ihrem Unterbewusstsein wie in einem See. Das simulgan Sprechen hilft Ihnen, diesen See anzuzapfen und das unbewusst Gelernte ins aktive Bewusstsein zu holen. Wenn Sie also zusätzlich zum passiven Hören den Text beim Autofahren, beim Spazieren gehen, beim Bügeln, in der Straßenbahn oder überall da, wo Sie sich nicht wesentlich konzentrieren müssen, simulgan sprechen, lernen Sie die Sprache viel schneller.[4]

## Mit Suggestion die Zukunft beeinflussen

Mit der Kassettenmethode können Sie sich Botschaften suggerieren. Besprechen Sie eine Kassette mit einer Botschaft von demjenigen Menschen, der Sie gerne sein wollen, oder mit einem Ziel, das Sie erreichen wollen. Wenn Sie bis in die letzte Faser Ihres Herzens von einer Vision überzeugt sind, werden Sie sie auch erreichen. Das nennt man die sich selbst erfüllende Prophezeiung. Nehmen wir an, Sie wollen schlagfertiger werden. Wie Sie wissen, ist die Grundeinstellung wichtiger als die Technik. Die Grundeinstellung können Sie ändern. Nehmen Sie jetzt eine Kassette, und besprechen Sie sie mit Sätzen der folgenden Art: „Ich wehre mich, bevor ich in der Seele getroffen werde. Ich finde immer öfter eine schlagfertige Antwort. Ich lasse mir nichts mehr gefallen." Wichtig ist, dass Sie in der Gegenwart formulieren. Sprechen Sie eine ganze Kassette mit dieser Art von Botschaften voll, und lassen Sie sich damit per Walkman den Tag über berieseln. Sie können sich dabei ohne weiteres auf jede beliebige Tätigkeit konzentrieren. Sie werden schon nach zwei Wochen einen Effekt bemerken. Sie werden Stück für Stück ein anderer Mensch. Sie können sich diesem permanenten Einfluss gar nicht entziehen. Sie inszenieren Ihre eigene Hirnwäsche.

Nehmen wir an, Sie wollen selbstbewusster werden. Besprechen Sie eine Kassette mit der Botschaft: „Ich bin selbstbewusst. Ich werde immer selbstbewusster. Ich gehe meinen eigenen Weg."

Sie werden sehen, Ihre Realität wird sich Stück für Stück in die Richtung Ihrer Botschaft verändern. Dabei gibt es noch ein Phänomen: Selbst wenn Sie bis jetzt noch nicht im tiefsten Herzen daran glauben, was Sie da auf Kassette sprechen – durch die ständige Berieselung werden die Selbstzweifel immer geringer, und irgendwann wird Ihr Glaube an sich selbst, der ja bekanntlich Berge versetzen kann, durch nichts mehr zu erschüttern sein.

Ratgeberbücher wie dieses hier, das Sie gerade lesen, sind ein Erfolg, wenn sie eine Auflage von 5.000 bis 6.000 Exemplaren erreichen. Ich habe in meinem Leben noch nie ein Buch veröffentlicht. Dieses hier ist mein allererstes. Während ich diese Zeilen hier schreibe, höre ich eine Kassette, auf der alle paar Minuten folgender Satz zwischen den französischen Texten zu hören ist: „Mein Schlagfertigkeitsbuch verkauft sich mehr als 100.000 Mal. Mein Schlagfertigkeitsbuch verkauft sich mehr als 100.000 Mal. Mein Schlagfertigkeitsbuch verkauft sich mehr als 100.000 Mal." Diese Botschaft höre ich täglich einige hundert Mal.

Liebe Leser, Sie können nun weiter mitverfolgen, wie sich das in die Realität umsetzt. Während ich das Manuskript schrieb, war ja noch kein einziges Buch verkauft. Ich schuf mir meine eigene zukünftige Realität durch eine Suggestion. Ich hörte diese Botschaft den ganzen Tag, das verankerte sich in meinem Unterbewusstsein, und mein Unterbewusstsein wird dieses Bild sicher wahr machen: die bekannte sich selbst erfüllende Prophezeiung. Sie können mit dieser Kassettenmethode Ihre eigene Zukunft beeinflussen. Es funktioniert. (Die aktuellen Verkaufszahlen können Sie unter www.poehm.com nachlesen.)

# Das Wichtigste auf einen Blick

- Je größer der gedankliche Bogen, den man noch ergänzen muss, um so schlagfertiger wirkt die Antwort.
- Je absurder das Szenario, desto schlagfertiger wirkt die Erwiderung.
- Schlagfertige Menschen sind Menschen, die Ecken und Kanten zeigen und die nicht krampfhaft wollen dass ja niemand schlecht von ihnen reden kann.
- Eigentlich ist es gar nicht so wichtig, was Sie sagen, wichtiger ist, dass Sie überhaupt etwas sagen.
- Je größer Ihr aktiver Wortschatz ist, desto schlagfertiger können Sie reagieren.
- Trauen Sie sich, frecher zu sein, Sie dürfen es.
- Um schlagfertiger zu werden, ist es wichtig, assoziativ denken zu können.
- Schnelles Denken und großer Wortschatz können Sie mit der SimulGAN-Technik üben.
- Schlagfertigkeitstechnik (1): Unangenehme Fragen, mit Nonsens zu beantworten, wirkt sehr schlagfertig.
  - Welches ist Ihre größte Angst
  
  ↳ Dass mein Hund das Singen anfängt.

# 2. Teil: Spontane Schlagfertigkeit aus der Situation

In diesem Kapitel lernen Sie Techniken kennen, wie Sie aus der Situation heraus spontan Antworten finden können. Dabei lernen Sie sowohl Tricks kennen, um spontane Witze machen zu können (Witzfertigkeit), als auch Tricks, um spontan auf Angriffe reagieren zu können (Erwiderungsfertigkeit).

Die Schlagfertigkeit aus der Situation verlangt einen gewissen Mut und eine gewisse Spritzigkeit im Kopf. Sie müssen bereit sein, aufzufallen, frech zu sein und wie in Ihrer Jugend einfach mal Blödsinn rauszulassen, das heißt, sich etwas unkonventioneller durchs Leben zu bewegen als der Durchschnitt der Menschen.

Die Schlagfertigkeit in Wortgefechten, Diskussionen, Interviews, die im nächsten Kapitel beschrieben wird, ist hingegen seriöser, bodenständiger und handwerklicher. Sie verlangt nicht so viel Mut zum Anderssein und kann „gefahrloser“ umgesetzt werden.

## Witzfertigkeit

In diesem Kapitel werden Ihnen einige Beispiele für witziges Reagieren gezeigt. Mir ist klar, dass Sie nicht alle Witzmuster gleichermaßen witzig finden werden. Was wir lustig finden, ist abhängig von unserem sozialen Umfeld und kulturellen Hintergrund. Ich habe mich bei den Witzmustern an den bekanntesten Humoristen und Talkmastern im deutschsprachigen Raum orientiert.

Schlagfertigkeit bedeutet hier, witzig zu reagieren. Kann man die Fähigkeit, witzig zu sein, trainieren? Ja, man kann. Witzig und humorvoll zu sein ist allerdings nicht so sehr eine Frage der Technik, darauf komme ich noch zu sprechen, sondern der Grundeinstellung.

Wir kämpfen hier gegen ein Grundübel unserer Gesellschaft. Gerade im Wirtschaftsleben hat der Mensch seriös, ernsthaft und damit missgelaunt zu sein. Humor finden zwar alle gut, er bekommt aber sein Reservat zugeordnet. Witzig sein, darunter versteht man den kontrollierten, hausbacken-provinziellen Biedermann-Humor, der in die Mittagspause, an den Kneipentisch oder in die Fastnachtszeit verbannt wird. Da darf man mal einen Witz machen. Der ist dann meist noch so schwach, dass sich jedermann nur ein verspanntes Lächeln abringen kann. Zuständig für Witz und Humor sind die Profis in Fernsehen und Kino, dort darf gelacht werden. Ansonsten ist die Welt eine triste, ernste, seriöse Angelegenheit.

Beim Rad fahren im Wald traf ich einmal eine Familie mit zwei Kindern. Ich fuhr hinter ihnen auf dem Waldweg, sie hatten mich nicht registriert. Der Vater, ca. 40 Jahre, sprang mit seinem etwa siebenjährigen Sohn immer wieder übermütig in die Luft. Die beiden hatten einen Heidenspass. Als der Vater mich aber im Hintergrund bemerkte, hörte er abrupt auf mit dem kindischen, „unsinnigen" Herumgehopse, er war wieder „erwachsen". Wir wollen lieber freudlos sein, dafür aber als vernünftig gelten.

Der Spaß im Leben kommt eben nicht durch den *Komödienstadl* im Fernsehen, sondern der kommt durch Sie selbst.

Es gibt schlichtweg nichts, was Sie ernst nehmen müssen.

Das schließt Ihre Arbeit ein, die Beziehung, die Familie, das Geschäftsleben, Ihr Hobby, die Religion, Krankheit... einfach alles. Vielleicht sogar den Tod.

Der amerikanische Psychologe Alan Watts prägte den Satz: „Das Leben ist ein Spiel, dessen Spielregel Nummer Eins lautet: Das ist kein Spiel, das ist todernst." Jeder spielt im Prinzip dem anderen etwas vor, und alle halten es für das echte Leben.

Sie kennen vielleicht die Atmosphäre bei Sitzungen. Alle sitzen steif da, jeder redet kontrolliert, die Stimmung ist so verspannt, dass man kaum wagt zu atmen, und alle sind froh, wenn sie endlich wieder aus dem Sitzungszimmer sind. Wenn es dann mal einem in so einer Sitzung gelingt, eine wirklich lustige Bemerkung zu machen, sind alle heilfroh und erleichtert. Der Druck weicht, aber nur für einen Moment, denn jeder fällt danach wieder in seine seriöse Rolle. Spaß soll die Arbeit machen, aber nirgendwo spürt man Spaß. Wir denken: Die anderen sollen endlich unverkrampfter und lustiger sein, dann würde ich ja auch lockerer reagieren.

Sie dürfen nicht auf die anderen warten, sonst warten Sie Ihr Leben lang. Sie dürfen aber Witze machen, in *jeder* Situation.

Die Welt ist immer nur so ernst, wie Sie sie sehen wollen.

Sie können das für sich beschließen und Dinge plötzlich anders sehen, die Ihnen vorher den Schlaf geraubt haben.

## Witz ist trainierbar

Thomas Gottschalk kämpfte zu der Zeit, als er noch bei RTL seine *Late-Night-Show* hatte, immer wieder um die von RTL-Chef Thoma geforderten Mindest-Einschaltquoten. Eines Tages hatte er mehrere rassige italienische Moderatorinnen zu Gast. An dem Tag war er in guter Form, sprach italienisches Kauderwelsch, stellte fast nur unsinnige Fragen und interessierte sich so gut wie nicht für die Antworten. Die armen Simultandolmetscher konnten den unübersetzbaren Unfug wohl auch nicht richtig ins Italienische übertragen, sodass sich die Moderatorinnen ziemlich verloren vorkamen. Eine von ihnen holte zu einem Entlastungsschlag aus und fragte: „Ich weiß nicht, wo ich hier gelandet bin. Was sagt eigentlich die Presse zu Ihrer Sendung?“ Darauf Gottschalk: „Die Presse weiß gar nichts von mir.“

Das war schlagfertig – das war witzig. Die Frage ist: Ist diese Antwort so weit schematisierbar, dass man von selbst auf eine ähnliche Antwort hätte kommen können? Man kann die Antwort zwar analysieren, aber die Analyse wird zu umfangreich, und damit wird das Ganze nicht wirklich reproduzierbar. Zu viele Elemente aus der Vorgeschichte wurden hier mit hineinverwoben. Regeln für witzige, situationsbezogene Bemerkungen müssen einfach sein. Sonst können sie nicht angewandt werden. Aber es gibt einfache Regeln und Muster. Und wenn man diese verinnerlicht hat, kann man sie auf andere Situationen „spontan" anwenden.

Auch die TV-Plaudertaschen stützen sich zum Teil, bewusst oder unbewusst, auf Witzstrukturen.

Harald Schmidt zum Beispiel steht viermal die Woche auf der Bühne und trägt eine Unzahl von eigenen und fremden Witzen vor. Er besitzt ein derartig dichtes Witz-Wissensnetz, dass ihm „spontan" unmögliche neue Gags einfallen. Er ist durch dieses ständige Training in den letzten 10 Jahren wesentlich schlagfertiger geworden.

Humorvolle, witzige Menschen haben meist viel Übung in gewissen Arten von Gags. Sie wissen instinktiv oder bewusst, nach welchen „Öffnungen" sie in bestimmten Situationen suchen müssen, um eine lustige Bemerkung zu landen. Je mehr Witze Sie kennen, desto größer wird Ihre Fähigkeit, auch auf anderen Feldern plötzlich witzig zu werden und spontan witzige Bemerkungen zu machen. Lernen Sie anhand von Leuten, die Sie witzig finden.

Schreiben Sie Gags auf, die Ihnen gefallen.
Schauen Sie Fernsehsendungen von
Plaudertaschen an, die Sie mögen.

Sie werden merken, nach einiger Zeit bekommen Sie auch ein Wissensnetz an Humor, auf dem Sie aufbauen können.

## Verhalten bei Versprechern

Eine der Grundregeln eines Moderators, der einen Gast ankündigt, lautet: Nicht vorher verraten, wer kommt. Erst das letzte Wort der Ansage darf der Name des Gastes sein.

Thomas Gottschalk ist in seiner damaligen RTL *Late-Night-Show* folgender Lapsus passiert: „Unser nächster Gast ist eine Frau. Sie singt manchmal am Bette ihres Sohnes. Horst Jüssen war mal … Ah, jetzt wissen Sie auch, wie die Frau heißt. Also gut, jetzt sag ich's gleich. Hier sind Lena Valaitis und Horst Jüssen." [Applaus des Publikums. Und dann, nachdem die beiden sich gesetzt hatten] „So schön hab ich jetzt angefangen, euch aufzubauen. Eine Frau, die singt, ein Mann, der Horst Jüssen heißt, das ist natürlich Schmarrn. Da weiß natürlich jeder, das muss Lena Valaitis sein."

Wie hat Thomas Gottschalk hier reagiert? Ihm ist ein Fehler passiert, und er hat diesen Fehler direkt in seine weitere Moderation mit eingebaut. So sollen Sie es auch machen. Machen Sie aus Ihrer Not eine Tugend.

Wenn Sie sich einmal verhaspeln oder einen Satz verkorkst formulieren, dann nehmen Sie ihren Fehler offensiv und ironisch.

Die Leute werden über Ihre Spontanität und Schlagfertigkeit schmunzeln.

Nehmen wir an, Sie fangen einen langen Satz an, verlieren sich und wissen plötzlich nicht mehr, mit welcher Formulierung Sie angefangen haben. Sagen Sie bei so einem verkorksten Satz: „Das war wieder ein super gelungener Satz. Aber Sie haben verstanden."

Oder Sie können auch folgenden Standard-Gag anfügen: „Sie haben bemerkt, der Satz hatte grammatikalische Schwachpunkte. Wer kann den Satz richtig vollenden?" Jetzt schauen Sie sich wie ein Lehrer prüfend im Publikum um und deuten auf eine Person. „Äh, wie wär's mit Frau Kaiser?"

Übersteigern Sie Ihren Fehler, machen Sie ihn zum Gag. Hören Sie beispielsweise, was aus folgendem Versprecher wird: „Der Anhufbeantworter, äh, ich meine Anschubbeantworter, nein, Anschlussbeantworter – Sie verstehen mich schon …"

## Die Aussage ist nicht „politically correct" – Ergänzung durch den Zuhörer

- Harald Schmidt: Es gab sechs Jahre im Leben von Keith Richards, da hatte er keinen Alkohol, keine Drogen, keinen Sex – danach wurde er eingeschult.
- Was ist das Idealgewicht für eine Schwiegermutter? – 2872 Gramm – mit Urne.
- Der Enkel fragt seine 85-jährige Großmutter: „Sag mal, wann hört das eigentlich auf mit dem Sex im Alter?" Die Großmutter: „Woher soll ich das wissen?"

Diese drei Witze haben alle dasselbe Schema.

Es wird eine indirekte bzw. überraschende Aussage gemacht, die nicht anständig ist, die „man“ so nicht sagt. Auf diese Aussage muss der Zuhörer durch Weiterdenken erst selbst kommen.

Das letzte Stück Bogen wird nicht ausgesprochen. Der Zuhörer lacht in dem Moment, wo er das Ergänzungsstück gefunden hat.

Als Konsequenz aus der Ergänzung ergibt sich dann die überraschende, indirekte Aussage, die nicht „politically correct“ ist.

Auch hier gilt wie bei der Schlagfertigkeit: Je weiter der Bogen ist, der vom Zuhörer ergänzt werden muss, um so witziger, um so schlagfertiger wirkt es.

Noch einmal zurück zu den drei Witzen.

Es gab sechs Jahre im Leben von Keith Richards, da hatte er keinen Alkohol, keine Drogen, keinen Sex – danach wurde er eingeschult.

- Zuhörer muss ergänzen: Es waren nur die ersten sechs Jahre seines Lebens.
- Konsequenz daraus/überraschende, indirekte Aussage: Keith Richards hat in seinem Leben nie aufgehört, zu saufen und Sex zu haben.

Wenn Sie gesagt hätten. „Die ersten sechs Jahre seines Lebens“, anstatt „danach wurde er eingeschult“, wäre die überraschende, indirekte Aussage zwar gleich geblieben, aber der zu ergänzende Bogen wäre kleiner gewesen.

Was ist das Idealgewicht für eine Schwiegermutter? – 2872 Gramm – mit Urne.

- Zuhörer muss ergänzen: Die Schwiegermutter ist eingeäschert.
- Konsequenz daraus/überraschende, indirekte Aussage: Schwiegermütter sollte man umbringen.

Die überraschende, indirekte Aussage ist nicht „politically correct". Im Normalfall spricht man das so nicht aus. Das denkt man vielleicht, aber das sagt man doch so nicht!

Der Enkel fragt seine 85-jährige Großmutter: „Sag mal, wann hört das eigentlich auf mit dem Sex im Alter?" Die Großmutter: „Woher soll ich das wissen?"

- Zuhörer muss ergänzen: Sex hat keine Altersgrenze.
- Konsequenz daraus/überraschende, indirekte Aussage: Die Großmutter ist noch mit Spaß dabei.

## Den Doofen spielen (2)

In der Schweiz gibt es eine Rivalität zwischen dem Kanton Zürich und dem Kanton Aargau. Die Zürcher schauen mitleidig auf die Aargauer herab, die sie als hinterwäldlerisch einschätzen. Umgekehrt halten die Aargauer die Zürcher für arrogant. Die Zürcher erzählen folgenden Witz:

Die Vertreter aller Kantone sitzen am Tisch. Plötzlich fragt einer: „Sagt mal, in welchem Kanton leben eigentlich die bescheuertsten Einwohner?" Großes Schweigen am Tisch. Alle schauen betreten zu Boden. Plötzlich springt der Aargauer auf und ruft: „Aber wir können tanzen!"

Bei dieser Art von Witz ist der zu ergänzende Bogen beim Zuhörer immer die Feststellung: „Mein Gott, ist der doof." Alle Ostfriesenwitze haben dieses Prinzip als Grundlage. In jedem Land gibt es irgendeinen Volksstamm, der in Witzen als geistig besonders minderbemittelt dargestellt wird. Die Schweizer haben die Österreicher-Witze, die Österreicher haben die Burgenländer-Witze, und die Franzosen haben die Belgier-Witze. Die meisten Blondinen-Witze haben ebenfalls dieses Prinzip als Grundlage.

Das „Doofsein" ist nicht nur ein erprobtes Witzmuster für nacherzählte Witze, sondern es eignet sich ebenfalls für spontane, schlagfertige Bemerkungen.

Sie können spontan witzige Bemerkungen machen, indem Sie den Doofen spielen, der nie etwas kapiert und wenn, dann viel zu spät. Sie nehmen schauspielerisch die Rolle eines Minderbemittelten ein.

Handlungsanweisung für Sie: Tun Sie so, als ob Sie komplett doof sind und selbst einfachste Dinge weder kapieren noch beherrschen. Das ist ein Witzmuster, das sicher nicht jedem liegt. Karl Dall und Harald Schmidt operieren sehr oft mit diesem Schema. Es kommt besonders bei jungen Leuten gut an.

Harald Schmidt arbeitete einmal mit folgendem Muster: Jedes Mal, wenn er eine Zahl erwähnte, zeigte er mit der Hand eine andere Anzahl von Fingern. Beispielsatz: „Die 3 Musketiere [er zeigt 2 Finger] hatten 5-mal versucht [er zeigt 3 Finger], in die Burg zu kommen. Dabei wurden 2 verletzt [er zeigt 1 Finger], deshalb waren's zum Schluss nur noch einer [er zeigt 4 Finger]."

Versuchen Sie einmal, diesen Satz mit der obigen Regel aufzusagen. Es braucht etwas Disziplin, wirkt aber sehr lustig.

Eine Zeit lang arbeitete ich bei meinem Rhetorik-Seminar auch mit diesem Witzmuster. Um mich zu Beginn des Seminars selbst vorzustellen, schrieb ich in Riesenlettern meinen Namen, Matthias Pöhm, auf das Flipchart. Dann sagte ich: „Ich möchte mich zunächst vorstellen." Mit stierem Blick ins Publikum zeigte ich auf das Flipchartblatt: „Ich heiße Christian Huber." Falls niemand lachte, sagte ich: „Lachen Sie jetzt, das war ein Witz."

Als Christo 1995 den Reichstag in Berlin mit Stoffbahnen einpackte und später wieder mit der Demontage der Stoffbahnen begonnen wurde stand auf einer Postkarte aus Berlin zu lesen: „David Copperfield ist auch nicht mehr was er mal war. Als Sie den Reichstag heute wieder auspackten, war er immer noch da – peinlich!"

Weitere Beispiele:

- Wenn Sie eine Telefonnummer diktiert bekommen, wiederholen Sie die Nummer, aber komplett falsch.
- Wenn Sie im Auto an einer Herde Schafe vorbeifahren, sagen Sie zu Ihrem Mitfahrer: „Oh schau mal, Pferde!"
- Wenn Sie einer Gruppe von Italienern begegnen, die lebhaft und laut miteinander reden, sagen Sie: „Immer diese Holländer!"
- Wenn Sie durch die Abflughalle des Flughafens laufen, sagen Sie: „Sind wir schon in der Luft?"
- Halten Sie grüne und weiße Spielkarten hin. Sagen Sie: „Bitte ziehen Sie eine blaue Karte."
- Wenn Sie in der Kneipe noch einen Wodka bestellen wollen, deuten Sie auf die Wodkaflasche und sagen: „Ich hätte gern noch so einen Tee."

Nachfolgend noch einige Beispiele für das Witzschema „Den Doofen spielen". Bitte decken Sie die Antworten ab, und versuchen Sie, eigene Antworten zu finden.

- Ein Stück Land, das ins Meer ragt, heißt Landzunge. Wie heißt ein Stück Meer, das ins Land ragt?
  ↳ *Seezunge!*
- Diesen Sommer war ich in Istanbul.
  ↳ *Du hast's gut, ich war noch nie in Ungarn.*
- Schlägt dich einer auf die rechte Wange, dann halt ihm auch die linke hin.
  ↳ *Und was ist, wenn er zuerst auf die linke schlägt?*
- Wie schreibt man Kunz?
  ↳ *Mit Doppel L am Ende?*

## Übertreiben Sie das Gegenteil (3)

Thomas Gottschalk hatte in einer seiner älteren *Wetten dass*-Sendungen eine über 80-jährige Autofahrerin zu Gast, die eine der ersten Führerscheinbesitzerinnen in den 20er Jahren gewesen war. Er fragte sie, welcher Unterschied zwischen den Autos von damals und den heutigen Autos sei. Sie gab zur Antwort: „Heutzutage sind die Motoren alle verkapselt, man kann nichts mehr reparieren und wechselt nur noch den ganzen Motor aus." Jeder, der etwas von Motoren versteht, weiß natürlich, die Dame erzählte Unsinn. Gottschalk antwortete: „Aha, sie kennt sich aus."

Diese Art der Bemerkung hat ein System.

**Sie nehmen das Offensichtliche, verkehren es ins Gegenteil und übersteigern es karikaturenhaft.**

Offensichtlich war, dass die Lady von den heutigen Motoren keine Ahnung mehr hatte. Gottschalk nahm diese Tatsache, drehte sie ins Gegenteil, übertrieb noch und sagte: „Aha, sie kennt sich aus."

Eine Jung-Moderatorin vom Musiksender VIVA war bei Harald Schmidt zu Gast. Sie wollte ihn während des Interviews dazu überreden, als Gegenbesuch zu einem Teeny-Konzert zu kommen.
Sie: „Kommst du auch?"
Er: „Wer tritt denn da auf?"
Sie: „La Bouche, Kelly-Family, DJ Bobo …"
Er: „Genau meine Richtung."

Offensichtlich war, dass das nun gar nicht Harald Schmidts Lieblingsgruppen waren. Er verkehrt es ins Gegenteil, übersteigert es und sagt dann: „Genau meine Richtung."

Auch bei diesem Schema gilt wieder das Grundprinzip schlagfertiger Antworten: Je indirekter Sie die Aussage machen, je absurder das Szenario, das Sie beschreiben, desto witziger und schlagfertiger wirkt es.

Michael Jackson ist einmal in *Wetten dass* aufgetreten. Nachdem Jackson sein Lied gesungen hatte, unternahm Gottschalk den verzweifelten Versuch – Michael Jackson zu interviewen. Aber alles, was der sagte, war: „Thank you, I love you all" und verschwand hinter die Kulissen. In einer Direktschaltung zu Günter Jauch in ein anderes Studio gab Jauch einen Kommentar zu Gottschalks Interview ab. Halten Sie bitte die Antwort im nächsten Abschnitt zu, und versuchen Sie, selbst eine Bemerkung zu finden, die Günter Jauch gesagt haben könnte.

Er sagte tatsächlich: „Wir haben in dem ausführlichen Interview einige Geheimnisse von Michael Jackson erfahren, die die Welt vorher noch nicht gewusst hat." Das Offensichtliche war: Das Interview ging in die Hose. Das Gegenteil davon: ein großartiges Interview.

Noch ein paar Beispiele. Decken Sie die Antworten ab, und versuchen Sie, eigene Antworten zu finden.

- Ihr Partner hat eine Zeitungsannonce aufgegeben, um sein Auto zu verkaufen. Den ganzen Tag kam kein einziger Anruf. Ihr Partner muss fünf Minuten außer Haus und fragt nach dem Zurückkommen: „Gab's Anrufe?"
  ↳ *Mir glüht schon das Ohr.*
- Sie kommen in ein Büro. An den Wänden hängen überall Fotos von Pferden.
  ↳ *Ah, Sie lieben Katzen?*
- Jemand kommt mit einem nagelneuen Angeber-Porsche vorgefahren.
  ↳ *Oh, ich wusste gar nicht … Seit wann sind Sie arbeitslos?*
- Machen Sie eine lustige Bemerkung zur optischen Oberfläche von Helmut Kohl.
  ↳ *Helmut Kohl wird jetzt neuer Sänger bei den Back-Street-Boys.*
- Ihr Fußballklub hat 6:0 verloren.
  ↳ *Erich Ribbeck will ab sofort all unsere Spieler in der Nationalmannschaft haben.*

- Zwei Streithähne schauen sich finster in die Augen.
  ↳ *Ah, schon verliebt!*

- Sie sind Fernsehmoderator. Alle Zuschauer warten auf das ersehnte Elfmeterschießen. Kündigen Sie die Werbepause an.
  ↳ *Millionen fragen mich, wann kommt sie endlich wieder. Hier ist sie: die Werbung!*

- Sie sind Fernsehmoderator. Sie haben einen Witz gemacht. Niemand lacht.
  ↳ *Sie müssen ja nicht gleich ausflippen!*

## Der freche Vergleich (4)

Wenn Sie eine Stellungnahme zu einem Objekt oder einer Sache hören, so können Sie untersuchen, ob nicht durch die Ergänzung „Wie Sie! (Wie du! Wie …)“ die Aussage auf den Stellungnehmenden oder eine andere Person umgemünzt werden kann. Eine wertneutrale Aussage wie zum Beispiel „Diese Maschine erhitzt sich leicht“ wird durch die Erwiderung „Wie du …“ überraschend in einen neuen Zusammenhang gestellt.

In diesem Witzmuster steckt eine gute Portion Frechheit. Für diejenigen unter meinen Lesern, die von ihrer Grundstruktur her eher brav sind, kann dieses Witzmuster ein gutes Training zum frecher Werden sein. Stellen Sie sich vor, das Mauerblümchen Frau Kaiser sitzt mit ihren Kollegen in einer Runde. Da sagt einer in irgendeinem Zusammenhang: „Unsere Administration ist zu aufgebläht“ und Frau Kaiser wirft dazwischen: „Genau wie unser Chef.“ Wenn der Chef nicht zufällig am Tisch sitzt, wird die Runde vor Lachen auf die Tische klopfen. Das wirkt bei den Leuten desto mehr, je mehr Sie ansonsten als schüchtern gelten. Sie dürfen frech sein, Sie müssen es nur wagen.

Für diejenigen unter meinen Lesern, die im Grunde eher eine offensive Verhaltensweise haben, möchte ich anmerken: Mit dieser Methode ernten Sie Lacher, allerdings sollten Sie darauf achten, dass Sie ein gutes Verhältnis zu demjenigen haben, auf den Sie sie anwenden. Diese Methode eignet sich in geselliger Runde, wo die Leute sowieso schon flachsig gestimmt sind. Karl Dall benutzt sie in seinen Shows hin und wieder. Von ihm erwartet man aber, dass er sich über jedermann respektlos lustig macht.

Sie können auch das Gegenteil tun, indem Sie sagen: „Im Gegensatz zu dir …“

Beispielsweise bemerkt jemand: „Die Katze ist ganz schön clever.“ – und Sie geben als Kommentar: „Im Gegensatz zu dir.“

Es kann auch eine Organisation oder Firma betreffen: „Die Blumen sind in einem jämmerlichen Zustand.“ – „Wie Ihre Partei!“

Nachfolgend einige „wertneutrale“ Bemerkungen zu Dingen. Versuchen Sie bitte, nach obigem Muster einen Bezug zu einer Person oder einer Organisation herzustellen. Decken Sie die Antworten ab, und versuchen Sie zunächst, selbst Antworten zu finden.

| | |
|---|---|
| ▪ Draußen herrscht wieder eine Kälte | Wie in unserer Firma |
| ▪ Das Programm wartet jetzt geduldig, bis du ihm was sagst | Im Gegensatz zum Chef |

| | |
|---|---|
| ▪ Der Lack hat aber viele Kratzer | Wie Sie |
| ▪ Der Geldspielautomat ist heute spendierfreudig | Im Gegensatz zu Roland |
| ▪ Die Luftmatratze ist aufgeblasen | Wie Sie |
| ▪ Der Apfel hat eine glatte Haut | Im Gegensatz zu dir |
| ▪ Hör mal, wie der Hund kläfft | Wie der Chef |
| ▪ Da klafft ein Loch | Wie in Ihrem Budget |
| ▪ Die Pause muss kürzer werden. | Genau wie Ihre Ausführungen. |
| ▪ Die Würste haben einen guten Geschmack | Im Gegensatz zu dir |

Sie wirken originell und schlagfertig, wenn Ihnen bei irgendeiner Bemerkung so ein Kommentar einfällt. Es ist gar nicht so schwierig. Man muss sich nur auf die Lauer legen und danach suchen.

Man kann diese Methode selbstverständlich auch schmeichelhafter verwenden, das heißt, eine positive Bemerkung über eine Sache auf eine Person übertragen. „Das Haus ist toll gebaut.“ – „So wie Sie.“

Aber leider wirkt das nicht so schlagfertig, als wenn Sie negative Eigenschaften nehmen. Die Frechheit fehlt. Außerdem könnte die Bemerkung auch als ein billiges Kompliment empfunden werden.

## Das absichtliche Missverstehen (5)

Von all den Witzfertigkeitstechniken gehört dieses Schema zu den höchsten Weihen der Schlagfertigkeit.

Als die Beatles Anfang der 60er Jahre von ihrer USA-Tournee nach England zurückgekehrt waren, wurden sie von Journalisten gefragt: „Wie fanden Sie Amerika?" Antwort: „Zuerst Grönland – und dann links ab."

Sven Väth, einer der bekanntesten Disk-Jokeys aus der Techno-Szene, wurde während eines Interviews gefragt: „Was legen Sie am liebsten auf?" Darauf erwiderte er: „Gurkenmaske."

Hinter diesen beiden Antworten steckt ein und dasselbe Muster: Geben Sie den Dingen, die gesagt werden, eine andere Bedeutung als die, die ursprünglich gemeint war. Das heißt:

Sie missverstehen absichtlich, was gesagt wurde, und geben eine Erwiderung, aus der man erkennt, dass Sie es falsch verstanden haben.

Dabei hilft uns ein Phänomen der Sprache: Es gibt fast kein Wort, das nur eine einzige Bedeutung hätte.

Die Beatles wie auch Sven Väth haben die Frage einfach absichtlich falsch kapiert, indem sie einem Ausdruck aus der Frage eine andere Bedeutung zugeordnet haben als die vom Fragesteller gemeinte.

Das ist die Systematik, mit der auch Sie spielen können. Es ist gar nicht so schwer. Suchen Sie Aussagen danach ab, ob Sie irgendein Wort daraus absichtlich falsch verstehen können. Karl Dall wendet diese Methode häufig an.

Wer ihn in seinen Sendungen beobachtet, der merkt, wie er ständig auf der Lauer liegt und die Aussagen seiner Gäste danach abklopft, ob man nicht absichtlich etwas falsch auffassen könnte.

Nachfolgend nun einige Beispiele zum Muster „absichtlich missverstehen". Bitte decken Sie die Antworten ab, und versuchen Sie zunächst selbst, Antworten zu finden.

Sie gehen also wie folgt vor: Jemand sagt einen Satz – Sie nehmen einen Ausdruck aus dem Satz heraus, kapieren ihn absichtlich falsch und geben eine Erwiderung mit der neuen Bedeutung zurück.

- Da ist ein Unwetter im Anzug.
  ↳ *Dann lass deinen Anzug doch reinigen!*
- Spreche ich zu schnell? Kommen Sie noch mit?
  ↳ *Wohin?*
- Mein Mann hat 50 Leute unter sich.
  ↳ *Wahrscheinlich ist er Friedhofsgärtner.*
- Mögen Sie trockenen Wein?
  ↳ *Flüssig wär mir lieber.*
- Kannst du bitte den Fernseher anmachen?
  ↳ *Keine Chance, der hat schon einen festen Freund.*
- Sie stehen am falschen Platz.
  ↳ *Wär's Ihnen lieber, wenn ich liegen würde?*
- Sie sind nicht gerade groß.
  ↳ *Meine Mutter hat mir immer gesagt, wenn ich mal groß bin, muss ich arbeiten.*
- Ich habe mich leider verspätet, haben Sie schon lange gesessen?
  ↳ *Dreieinhalb Jahre. Der Rest war auf Bewährung.*

- Hatten Sie nichts an, als Sie im Auto saßen?
  ↳ *Doch, das Radio.*

- Lassen Sie Ihr Auto warten?
  ↳ *Auf wen?*

Hier eine Abwandlung des vorher beschriebenen Musters: Sie können eine Aussage absichtlich missverstehen, indem Sie so tun, als hätten Sie einzelne Wörter dem Klang nach anders verstanden. Irgendjemand sagt beispielsweise zu Ihnen: „Ihre Leistungen liegen unter dem Durchschnitt." Sie geben zur Antwort: „Welche Leitungen soll ich durchschneiden?"

Ein weiteres Beispiel. Jemand sagt: „Sie leiden wohl unter der Rezession." Sie geben zur Antwort: „Ich leite nicht die Rezeption, ich leite die Abteilung." In diesem Fall haben Sie gleich zwei Dinge phonetisch „falsch verstanden". Aus „leiden" haben Sie „leiten" gemacht, und aus „Rezession" haben Sie „Rezeption" gemacht.

Hier noch einige Beispiele zum akustischen Missverstehen. Bitte decken Sie die Antworten ab, und versuchen Sie zunächst, selbst Antworten zu finden.

- Wie kompensieren Sie Ihre mangelnde Menschenkenntnis?
  ↳ *Ich kann gar nicht komponieren!*

- Warum bist du ausgewichen?
  ↳ *Ausgeglichenheit war schon immer meine Stärke.*

- Hast du den Schrank selbst abgebeizt?
  ↳ *Das heißt nicht abgebeizt, das heißt abgebissen.*

- Wen in der Gruppe finden Sie anziehend?
  ↳ *Es sind doch alle angezogen!?*

Auch durch auseinander- und zusammen Ziehen von Ausdrücken können neue Bedeutungen entstehen.

Hier einige Beispiele dazu:

- Nimmst du Meerrettich?
  ↳ *Nein, ich nehme mehr Schwein.*
- Astrein, astrein.
  ↳ *Jetzt hol den Ast aber wieder raus.*
- Das ist ja derselbe Tisch wie der andere.
  ↳ *Daher heißt er ja auch iden-Tisch.*
- Der Chef will kommen!
  ↳ *Nein, er ist nicht willkommen.*
- Ich lege Einspruch ein.
  ↳ *Und ich lege noch zwei Sprüche dazu.*

Ein ganze Reihe von Bemerkungen kann man bewusst falsch verstehen, ohne einem Wort eine andere Bedeutung zu verpassen. Da fragt Sie jemand gehetzt vor dem Bahnhof: „Haben Sie eine Uhr?" und Sie geben zur Antwort: „Ja, am Arm." Sie spüren, was der andere sagen will, Sie nehmen seine Aussage aber wörtlich und tun so, als ob Sie's nicht kapiert hätten.

Nachfolgend einige Beispiele dazu:

Karl Dall bei der Bambi-Verleihung 1997 an die fünf Mädchen der Pop-Gruppe *Spice-Girls,* Durchschnittsalter 23:

- Karl, du könntest ihr Vater sein.
  ↳ *Ist schon möglich. In den 70ern bin ich in England herumgetrampt.*

- Fünf Jahre wohnst du schon hier. Wie bist du in die Schweiz gekommen?
  ↳ *Mit dem Auto.*
- Können Sie Schaltpläne lesen?
  ↳ *Wenn genug Licht ist.*
- Sie sind aber schnell gewesen. Was haben Sie denn für ein Auto?
  ↳ *Ein blaues.*
- Sind Sie dafür, dass Pfarrer heiraten dürfen?
  ↳ *Warum nicht, wenn sie sich mögen.*
- Frauen mit 30 sollten sowas nicht mehr tragen!
  ↳ *Dann geht's ja, ich bin über 30.*
- Ich hab für meine Sekretärin einen neuen Computer bekommen.
  ↳ *Da hast du aber einen guten Tausch gemacht.*
- Ich hatte Fieber. Ich lag mit 39 im Bett.
  ↳ *War da nicht ein Riesengedränge?*
- Was bringt Sie auf die Palme?
  ↳ *Kokosnüsse.*
- Sie sind ja nicht bindungsfähig.
  ↳ *Eine zu feste Bindung kann ich mir als Skifahrer nicht leisten.*
- Schlappschwanz!
  ↳ *Angenehm, Pöhm.*

Das letzte Beispiel können Sie sich als Standardantwort einprägen. Immer wenn Sie ein Schimpfwort hören, das aus einem einzigen Wort besteht, können Sie das erwidern. Wenn Sie jemand mit Idiot, Hornochse, Dummkopf usw. beschimpft, sagen Sie einfach „Angenehm, …“ und dann Ihren Namen.

**Standard:**

▪ *Angenehm, Huber.*

Man kann eine Aussage auch absichtlich missverstehen, indem man ein Wort in dieser Aussage einer anderen Wortfamilie unterjubelt. Hier ein Beispiel, das Sie sicher schon einmal so oder so ähnlich gehört haben. Sagt einer: „Du bist ganz schön arm dran“, gibt der andere zurück: „Lieber arm dran, als Arm ab!“

Diese Art des Missverstehens ist verrückter und weiter hergeholt, aber sie ist auch witziger.

Dazu noch einige Beispiele. Bitte decken Sie die Antworten ab, und versuchen Sie, eigene Antworten zu finden:

- Gut gemeinter Rat: Schalten Sie Ihr Hirn ein, bevor Sie sprechen.
  ↳ *Ich brauche kein Rad, ich fahre immer mit dem Bus!*
- Was ist eigentlich ein Honorarkonsul?
  ↳ *Gemüse, Schnitzel, Joghurt, Milchprodukte …*
- Verteilt die Lebensmittel unter den Armen.
  ↳ *Das verträgt sich aber nicht mit meinem Deo.*
- Für diese Aussage kann ich keine Gewähr geben.
  ↳ *Dann gib mir wenigstens ‘ne Pistole.*
- Sie haben keine Wahl.
  ↳ *Nicht jeder braucht einen Wal, mir reichen Goldfische.*
- Sie sitzen da wie ein Buddha.
  ↳ *Macht nichts, mit Butter bäckt man schließlich Kuchen.*

Das absichtliche Missverstehen ist nicht nur ein hervorragendes Schlagfertigkeitsmuster, um spontan witzige Bemerkungen machen zu können, es ist auch ein häufig eingesetztes Schema für erzählte Witze.

Ein Kind sitzt am Rande einer Klärgrube und weint bitterlich. Ein Mann kommt vorbei, sieht das Kind und fragt: „Warum weinst du denn?“ Das Kind: „Meine Mutter ist da reingefallen.“ Der Mann schaut entsetzt das Kind an, zieht sein Hemd aus, springt in die Klärgrube und taucht und taucht und taucht. Nach 10 Minuten kommt er wieder nach oben und sagt verzweifelt: „Ich konnte deine Mutter nicht finden.“ Darauf schmeißt das Kind etwas in die Klärgrube und sagt. „Ja dann brauch ich meine Schraube auch nicht mehr.“

Der Schokoriegel-Hersteller Mars warb eine Zeit lang mit dem Slogan: „Mars bringt verbrauchte Energie sofort zurück!“ Daraus machte ein Graffity-Sprayer: „Kein Atommüll auf den Mars! Denn Mars bringt verbrauchte ...“

## Das Wichtigste auf einen Blick

- Es gibt schlichtweg nichts, was Sie ernst nehmen müssen.
- Die Welt ist immer nur so ernst, wie Sie sie sehen wollen.
- Schreiben Sie Gags auf, die Ihnen gefallen. Schauen Sie Fernsehsendungen von Plaudertaschen an, die Sie mögen.

- Wenn Sie sich einmal verhaspeln oder einen Satz verkorkst formulieren, dann nehmen Sie ihren Fehler offensiv und ironisch.
- Witzmuster: Es wird eine indirekte bzw. überraschende Aussage gemacht, die nicht anständig ist, die „man" so nicht sagt. Auf diese Aussage muss der Zuhörer durch Weiterdenken erst selbst kommen
  - Was ist das Idealgewicht für eine Schwiegermutter? – 2872 Gramm – mit Urne.
- Witzmuster (2): Sie können spontan witzige Bemerkungen machen, indem Sie den Doofen spielen, der selbst einfachste Dinge nicht kapiert und alles verwechselt.
  - Diesen Sommer war ich in Istanbul.
  
  ↬ Du hast's gut, ich war noch nie in Ungarn.
- Witztechnik (3): Sie nehmen das Offensichtliche, verkehren es ins Gegenteil und übersteigern es karikaturenhaft.
  - Zwei Streithähne schauen sich finster in die Augen.
  
  ↬ Ah, schon verliebt!
- Witztechnik (4): Wenn Sie eine Stellungnahme zu einem Objekt oder einer Sache hören, untersuchen Sie, ob nicht durch die Ergänzung „Wie Sie! (Wie du! Wie ...)" die Aussage auf den Stellungnehmenden oder eine andere Person ungemünzt werden kann.
  - Die Blumen sind in einem jämmerlichen Zustand.
  
  ↬ Wie Ihre Partei!
- Witztechnik (5): Sie missverstehen absichtlich, was gesagt wurde, und geben eine Erwiderung, aus der man erkennt, dass sie es falsch verstanden haben.
  - Mögen Sie trockenen Wein?
  
  ↬ Flüssig wär mir lieber.

# Erwiderungsfertigkeit

## Übertriebene Zustimmung (6)

Da sagt Ihnen eine nette Kollegin: „Ich glaube, du hast zugenommen.“ Sie antworten: „Stimmt, kürzlich ist beim Bus sogar die Hinterachse gebrochen.“

Da sagt jemand zu Ihnen: „Du trinkst ganz schön viel.“ Sie geben zur Antwort: „Stimmt, Löwenbräu hat schon Lieferschwierigkeiten.“

Die beiden Antworten gehorchen ein und demselben Grundmuster.[16]

Die Technik ist so wirksam und universell einsetzbar, dass Sie alleine damit 80 Prozent aller Angriffe verpuffen lassen können.

Worin liegt das Prinzip?

Wie bei den meisten asiatischen Kampfsportarten machen Sie das Gegenteil dessen, was der Angreifer erwartet. Sie schlagen nicht zurück, sondern Sie nehmen die Attacke auf und nutzen seine Energie, um ihn ins Leere laufen zu lassen. Übertragen auf die Schlagfertigkeit: Sie stimmen dem Vorwurf voll und ganz zu, und dies derart übertrieben, dass es lächerlich wirkt. Dadurch zerplatzt der Angriff wie eine Seifenblase.

Um die Zustimmung auszudrücken, formulieren Sie im Geiste einen Satz, der mit „Stimmt vollkommen …“ anfängt, und dann fahren Sie in Gedanken mit der Formulierung fort „Ja sogar …“ und bringen den Satz völlig übertrieben zu Ende. Stellen Sie sich einen Schieberegler vor, der einen Anschlagpunkt hat. Das, was man Ihnen vorwirft, schieben Sie zunächst ans extreme Ende des Reglers. Das reicht aber noch nicht. Jetzt schieben Sie den Regler noch weit darüber hinaus – jetzt erst wirkt es schlagfertig.

Gehen wir zwei Beispiele Schritt für Schritt durch.

Sie sind eine Frau, Sie sollen Ihre Firma bei einer Veranstaltung repräsentieren, und Sie tragen einen Rock, bei dem das Knie zu sehen ist. Da wirft Ihnen jemand vor: „Ihr Rock ist zu kurz." Jetzt machen Sie in Gedanken zuerst den Rock so extrem kurz, wie es gerade noch im echten Leben sein kann. Wirklich kurz, kurz, kurz, sodass man den Ansatz der Unterwäsche sieht. Der Regler ist jetzt am Anschlag. Das genügt uns aber noch nicht. Im nächsten Schritt gehen Sie dramatisch über diese Grenze hinweg. Jetzt könnten Sie z.B. sagen: „Ja, ich möchte halt, dass jeder meinen Bauchnabel sieht." Nun haben Sie den Regler darüber hinausgeschoben. Jetzt wirkt es absurd. Sie könnten auch sagen: „Kurz? Nein, das ist mein Gürtel!"

Anderes Beispiel. Sie sind ein bequemer Mensch, Sie besitzen ein Auto, Sie mögen es nicht, zu Fuß zu gehen, und schon gar nicht, öffentliche Verkehrsmittel zu benutzen. Jemand wirft Ihnen vor: „Du benutzt aber auch für alles dein Auto!" Jetzt schieben Sie den Regler zunächst ans extreme Ende. Ich bin also jemand, der unnötigerweise für alles sein Auto benutzt. Für jeden Einkauf, für jeden Gang zum Zigarettenautomaten, für jede kleinste Erledigung.

Schieben Sie nun den Regler über das Ende hinaus. Übertreiben Sie so extrem, dass es absurd wird. Sie könnten beispielsweise sagen: „Stimmt, ich benutze es auch, um aufs Klo zu gehen." Oder: „Ich benutze es auch, um am Morgen meinen Briefkasten zu leeren."

Denken Sie immer an die Konsequenzen, wenn Sie dem Vorwurf voll und ganz zustimmen. Und beschreiben Sie sie dann.

Im Fall unseres Dauerautofahrers könnten Sie zum Beispiel sagen: „Stimmt, ich brauche täglich einen Satz neuer Reifen." Das ist die Konsequenz, wenn Sie für alles das Auto benutzen.

Eine bewährte Methode, um schlagfertige Erwiderungen zu finden, ist, sich einen absurden Beruf anzudichten. Fangen Sie einen Satz mit der Formulierung an: „Stimmt, ich arbeite als …" oder „Im letzten Leben war ich …" oder „Ich hab ein Engagement als …"

Ihnen wird zum Beispiel vorgeworfen: „Warum schreien Sie so laut?" Sie könnten antworten. „Ich hab' ein Engagement als Feuer-Sirene."

Oder jemand sagt zu Ihnen: „Sie werden ja immer rot!" Sie erwidern leichtfüßig: „Stimmt, in meiner Freizeit arbeite ich als Tomate."

Eine andere Möglichkeit, eine überspitzte Antwort zu finden, ist, den Vorwurf auf ein absurdes Szenario zu übertragen. Konstruieren Sie eine absurde Situation, in der die Übersteigerung einen Sinn ergäbe.

Die Dame mit dem zu kurzen Rock könnte antworten: „Wissen Sie, ich hab Sponsorenwerbung auf meiner Unterwäsche – die muss man sehen."

Eine weitere Möglichkeit, eine überspitzte Antwort zu finden: den Vorwurf mit noch schlimmerem eigenem Verhalten zu vergleichen. Da sagt Ihnen jemand beispielsweise:

„Die Schuhe passen nicht zu deinem Pullover.“ Sie geben zur Antwort: „Besser passen sie natürlich zu dem Müllsack, den ich sonst immer anziehe.“ Oder Sie könnten sagen: „Normalerweise habe ich Flossen an.“

Solche Antworten enthalten meist das Wort „sonst“ oder „normalerweise“. Sie sagen dem Sinn nach: „Ich weiß nicht, was du hast, normalerweise …“, und dann bringen Sie den Satz zu Ende.

Für die überspitzte Zustimmung gelten auch wieder die zwei Säulen der Schlagfertigkeit: Die Antwort wirkt desto schlagfertiger, je absurder sie ist und je größer der Bogen ist, den der Zuhörer ergänzen muss.

Noch ein Mal: Sie stimmen dem Vorwurf zu, aber derart übertrieben, dass es lächerlich wirkt.

Um die überspitzte Zustimmung zu üben, sollten Sie die nachfolgenden Beispiele zuerst mit einem „absurden Szenario“, ein zweites Mal mit einer „absurden Konsequenz“ und ein drittes Mal mit einem „Vergleich mit schlimmerem Verhalten“ konstruieren. Bitte decken Sie die Antworten ab, und versuchen Sie, selbst Antworten zu finden.

- Sie sind unweiblich
  ↳ *Sie verwechseln mich, ich bin ein Mann.*
- Sie sind heute Morgen wieder zu spät gekommen!
  ↳ *Zu spät? Meistens ist schon Feierabend, bis ich hier ankomme.*
- Sie haben aber eine schöne Unordnung vor dem Haus.
  ↳ *Stimmt, die NASA will mein Grundstück als Testgelände für die Marslandung.*

- Du glotzt wohl den ganzen Tag Fernsehen!?
  ↳ *Die Nacht aber auch!*
- Du hast dich ganz schön verändert!
  ↳ *Stimmt, selbst meine Mutter dachte, ein UFO ist gelandet.*
- Diese Schuhe sehen billig aus.
  ↳ *Beim Sperrmüll findet man halt nichts Besseres.*
- Du hörst nicht zu!
  ↳ *Wie bitte?*
- In eurer Ehe gibt es keine gute Kommunikation.
  ↳ *Nur weil ich seit zwei Jahren mit meiner Frau nicht mehr rede?*
- Bist du überhaupt jemals in der Schule gewesen?
  ↳ *Ich hab's nicht mal in den Kindergarten geschafft!*
- Bei Ihnen war ja gestern Abend der Teufel los.
  ↳ *Nicht nur einer, eine ganze Armee!*
- Wieso kaufst du die Weihnachtsgeschenke erst so spät?
  ↳ *Die sind schon für nächstes Jahr.*
- Du hast ja deine Fingernägel abgekaut!
  ↳ *Ich wollte sie zuerst toasten, aber so schmecken sie einfach besser.*
- Deine Frau ist ein Flittchen.
  ↳ *Was denkst du, wovon ich lebe?*
- Du weißt immer alles besser!
  ↳ *Selbst das weiß ich.*

Zwei Standardantworten für die übertriebene Zustimmung, die auf fast alle Vorwürfe universell passen, lauten:

**Standard:**

- *Du hättest mal gestern sehen sollen.*
- *Stimmt, ich bin jetzt im Guiness-Buch der Rekorde.*

## Das ist Ihre Meinung (7)

Bundeskanzler Gerhard Schröder wurde nach seinem Wahlsieg von Niedersachsen im Februar 1999 vom Fernsehen zu einem Kreuzfeuerinterview eingeladen. Der Reporter fragte ihn: „Die Schwierigkeiten zwischen Ihnen und der Partei fangen doch erst an. Wenn Sie Realist sind, müssen Sie das zugeben“. Schröder antwortete: „Das mag Ihre Wahrheit sein, das ist aber nicht *die* Wahrheit“, und dann erklärte er seine Sicht der Dinge. Dies ist im Prinzip eine Technik, die sich verallgemeinern lässt. Einen Vorwurf können Sie entwerten, indem Sie den Angriff pauschal als die Meinung des Angreifers darstellen.

Nehmen wir folgenden Angriff als Beispiel: „Sie haben die Strukturen noch nicht durchschaut.“ Jetzt geben Sie zur Antwort: „Das ist Ihre Meinung.“ Das heißt im Klartext, er allein findet, dass Sie die Strukturen nicht durchschaut haben. Unausgesprochen schwingt mit: „Ich hab sie sehr wohl durchschaut!“ Dieses Antwortmuster ist sehr prägnant und dokumentiert ein großes Selbstwertgefühl.

Nachfolgend die drei Standardantworten, die Sie immer, egal, bei welchen Vorwürfen, einsetzen können.

**Standards:**

- *Das ist Ihre Meinung.*
- *Das finden Sie, objektiv ist es anders.*
- *Das sehen Sie so.*

## Das ist Ihr Problem (8)

Ein hervorragendes, immer wirksames Mittel, um eine dicke Haut gegen Angriffe zu bekommen, ist, jeden Angriff ab sofort anders zu hören. Nehmen wir an, jemand sagt zu Ihnen: „Sie sind eine Niete!" Geben Sie jetzt zur Antwort: „Das ist Ihr Problem." Diese kühne Antwort gelingt dadurch, dass Sie den Angriff anders hören. Wenn einer diese Aussage macht, dann ist das nur seine Meinung. Jedes Urteil über irgendeinen Menschen auf dieser Welt ist immer subjektiv. Alles, was ein Mensch maximal über Sie sagen kann, ist: *„Ich finde,* Sie sind eine Niete." Und das, was er findet, ist tatsächlich nicht Ihr Problem, sondern seines. Um dies wirksam zu formulieren, benutzen Sie folgende Regel:

> Wiederholen Sie den Vorwurf mit der zusätzlichen Einleitung: „Sie finden …", und sagen Sie danach: „Das ist Ihr Problem."

Wenn beispielsweise jemand sagt: „Sie haben es zu nichts gebracht!", dann kontern Sie: „Sie finden, ich hab's zu nichts gebracht. Das ist Ihr Problem". Sie können anstatt der Formulierung „Das ist Ihr Problem" auch andere Formulierungen benutzen, die ebenfalls dokumentieren, dass Sie der Vorwurf kalt lässt.

Wenn jemand sagt: „Sie sind fett“, dann könnten Sie zum Beispiel antworten: „Sie finden, ich bin fett. Pech für Sie!“

Die Antwort gewinnt noch an Eindringlichkeit, wenn Sie vorher den Namen des Angreifers aussprechen. „Herr Müller, Sie finden mich fett. Das ist Ihr Problem.“

Wenn jemand das Wort „finden“ direkt mit in den Angriff hineinpackt, dann sagen Sie ohne Umschweife: „Das ist Ihr Problem.“

- Ich finde, Sie sind eine Niete.
  ↳ *Das ist Ihr Problem.*

Nachfolgend einige Angriffe; bitte decken Sie die Antworten ab, und versuchen Sie zunächst, selbst Antworten zu finden.

- Wie Sie sich benehmen, ist nicht o.k.
  ↳ *Sie finden das nicht o.k. Das ist Ihr Problem.*
- Sie haben unser Vertrauen missbraucht.
  ↳ *Sie finden, ich habe Ihr Vertrauen missbraucht. Das ist Ihr Problem.*
- Sie bevormunden die Leute hier.
  ↳ *Sie finden, ich bevormunde die Leute. Das ist Ihr Problem.*
- Was ist denn das für ein Mist!?
  ↳ *Sie finden, das ist Mist. Das ist Ihr Problem.*
- Was glotzt du so blöd?
  ↳ *Du findest, ich schaue blöd. Pech für dich.*

Dieses Antwortmuster ist sehr wirksam. Wenn Sie es mit in Ihr Repertoire schlagfertiger Antworten aufnehmen wollen, übernehmen Sie es in die Endauswahl Ihrer Standards auf Seite 221, und prägen Sie es sich gut ein.

Der Antwortzusatz „Das ist Ihr Problem" oder „Pech für Sie" ist nur eine Möglichkeit, auszudrücken, dass Sie der Vorwurf nichts angeht. Nachfolgend noch zehn weitere Standardantworten.

**Standards:**

- *Sie finden … Das ist Ihr Problem.*
- *Sie finden … Da kann man nichts machen.*
- *Sie finden … Pech für Sie.*
- *Sie finden … Sei's drum!*
- *Sie finden … Tja …*
- *Sie finden … Kann passieren.*
- *Sie finden … Was soll's!?*
- *Sie finden … Das geht mich nichts an.*
- *Sie finden … Das ist mir egal.*
- *Sie finden … Macht nichts!*

Alle erwähnten Antworten lassen in der Unterbotschaft mitschwingen: „Was Sie finden, ist mir egal."

## Der Nutzen aus dem Vorwurf (9)

Jedes positive Ereignis hat immer auch einen negativen Aspekt, und jedes negative Ereignis hat immer auch einen positiven Aspekt. Wenn Sie Ihre Traumwohnung im obersten Stock eines Hochhauses beziehen, wird der Weg zum vergessenen Einkaufspaket im Auto ein umständliches, nervtötendes Mammutunternehmen. Wenn Sie auf der anderen Seite durch eine Krankheit ans Bett gefesselt sind, machen Sie sich endlich Gedanken über Ihr Leben, zu denen Sie in der Hektik des Alltags nie gekommen wären. Ein vordergründiger Vorteil hat immer auch einen Nachteil und ein vordergründiger Nachteil immer auch einen Vorteil. Dieses Phänomen des Lebens machen wir uns für schlagfertige Antworten zu Nutze. Wir überlegen uns:

> Welchen Nutzen hat eine Attacke für uns, oder welchen Nachteil hat das für den Angreifer?

Wir suchen uns aus dem Negativen, dem Angriff, den positiven Aspekt heraus.

Da wirft Ihnen jemand vor: „Sie leben wohl hinterm Mond", und Sie geben zur Antwort: „Ja, da hab ich aber 'ne tolle Aussicht." Sie nehmen den Angriff und suchen ihn systematisch danach ab, welche nutzbringende Folge Sie daraus ableiten können. Wie bei den meisten Schlagfertigkeitsmustern wirkt es desto schlagfertiger, je absurder der konstruierte Vorteil ist.

Oder Sie suchen danach, welchen Nachteil das für den Angreifer haben könnte. Für das Beispiel des Mondes könnten Sie sagen: „Da bin ich wenigstens nicht mit der Dummheit gewisser Leute konfrontiert."

Noch ein Beispiel. Da hören Sie den Vorwurf: „Sie Pflaume!" Jetzt suchen Sie nach dem Nutzen, Vorteil oder positiven Aspekt. Je absurder, desto schlagfertiger. Sie könnten zur Antwort geben: „Obst ist gesund!"

Gehen wir ein Beispiel im Detail durch. Sie sind eine Frau und jemand sagt Ihnen: „Du bist viel zu dünn." Jetzt überlegen Sie sich: Welchen Vorteil hat das Dünnsein, oder welche positive Konsequenz ergibt sich daraus? Sie könnten antworten: „Da bin ich auf dem Fahrrad wenigstens schön windschnittig." Sie können auch umgekehrt einen Nachteil für den Angreifer konstruieren oder ihn im schlechten Licht erscheinen lassen. Sie könnten etwa sagen: „*Ich* bin nach dem Kleiderkauf nicht frustriert."

Der Nutzen beziehungsweise der Vorteil muss weit hergeholt und absurd sein, nur dann wirkt die Antwort schlagfertig. Sie fahren Auto und Ihr Partner als Beifahrer korrigiert Sie: „Du fährst zu schnell". Wenn Sie zur Antwort geben: „Da komme ich schneller an" ist dies ein seriöser Vorteil des schnell Fahrens. Wenn Sie aber antworten: „Da hab ich wenigstens immer schöne Polizeifotos von mir" ist der Vorteil absurder und wirkt damit schlagfertiger.

Wenn Sie mit der Standardformulierung „Da ist wenigstens ..." beginnen, fällt es Ihnen leichter, eine passende positive Formulierung zu finden.

Die Zeichnung zu Beginn dieses Kapitels ist übrigens die exakte Anwendung dieses Schlagfertigkeitschemas.

Sagt ein Kind zum anderen Kind:

- Du bist ja nur adoptiert, du gehörst ja gar nicht deinen Eltern.

  ↳ *Mich konnten sie wenigstens aussuchen, dich musste sie nehmen, wie du warst.*

Das Kind hat beide Aspekte mit in die Antwort hineingepackt. Welchen Vorteil hat der Angriff für mich, welchen Nachteil für den Angreifer.

Noch einmal: Klopfen Sie einen Angriff darauf ab, welchen absurden Vorteil das für Sie haben könnte oder welchen Nachteil für die anderen.

Nachfolgend einige Beispiele zur Methode „Der Nutzen aus dem Vorwurf“. Bitte decken Sie die Antworten ab, und versuchen Sie zunächst, eigene Antworten zu finden.

- Dich haben Sie als Kind wohl fallen gelassen!?
  ↬ *Seitdem hab ich keine Flugangst mehr.*
- Du bist ja in der Schule sitzen geblieben.
  ↬ *Ich war so beliebt, dass mich die Lehrer immer behalten wollten.*
  ↬ *Dich wollte halt niemand zwei Mal in der Klasse haben.*
- Du sitzt ganz schön in der Scheiße
  ↬ *Da ist es wenigstens warm.*
- Mein Gott, hast du zugenommen!
  ↬ *Da spar ich mir den Airbag.*
- Du lebst wohl hinterm Mond!
  ↬ *Da springt man wenigsten weiter.*
- Du hast wohl ‘ne Ecke ab!
  ↬ *Du nicht, deswegen sieht dein Kopf so eckig aus.*
- Müssen Sie rauchen, während ich esse?
  ↬ *Geräuchertes Fleisch schmeckt einfach besser.*
- Du hast ganz schöne Augenringe.
  ↬ *Das gibt wenigstens Auftrieb beim Schwimmen.*
- Du trinkst ganz schön viel!
  ↬ *Alkohol konserviert.*
- Dir haben Sie wohl das halbe Hirn rausoperiert?
  ↬ *Seitdem hab ich Idealgewicht.*
- Sie haben aber große Füße!
  ↬ *Da brauch ich keine Skier mehr.*

Nachfolgend noch zwei Standardantworten, die Sie immer, egal, bei welchem Vorwurf, einsetzen können.

**Standard:**

- *Das ist aber steuerfrei!*
- *Das finden Männer/Frauen attraktiv!*

## „Sie wollen damit sagen ...“ (10)

Nach einem Seminar in Augsburg saß ich am Abend noch mit einigen Seminarteilnehmern in einer Kneipe. Die Einheimischen in Augsburg sprechen oft Dialekt, die Zugezogenen meistens Hochdeutsch. Es gibt immer wieder Personen, die sich auf ihre „reine“ Sprache etwas einbilden und sich von anderen abheben wollen. So ein Exemplar saß am Nachbartisch. Als ihn ein Augsburger fragte, woher er denn eigentlich komme, sagte er: „Dass ich nicht aus Augsburg komme, hört man ja an meiner Aussprache.“ Darauf erwiderte der Augsburger: „Sie wollen damit sagen, dass Sie das kulturelle Gut der Augsburger Sprache nicht beherrschen.“ Aus dieser schlagfertigen Erwiderung lässt sich ein Antwortmuster herauskristallisieren.

> Geben Sie eine Antwort, die mit der Formulierung „Sie wollen damit sagen ...“ anfängt.

Anschließend können Sie eine beliebige Interpretation nachschieben.

Sie geben also eine Antwort, die entweder ein positives Licht auf Sie selbst oder aber ein negatives Licht auf den

Angreifer wirft. Die Methode wurde von den Brüdern Matthias und Christoph Dahms in ihrem Buch „Schlagfertig sein in Rede und Verhandlung“ unter dem Begriff „Umdefinition“ vorgestellt. Die Autoren empfehlen dort die Formulierung. „Wenn Sie damit sagen wollen … dann gebe ich Ihnen Recht.“ Da sagt beispielsweise jemand zu Ihnen: „Sie Sau!“ Und Sie geben zur Antwort: „Wenn Sie damit sagen wollen, dass man sich bei mir sauwohl fühlt, gebe ich Ihnen Recht.“ In dieser Antwort haben Sie mit einem Wortspiel den Vorwurf uminterpretiert. Durch die Formulierung „Wenn Sie damit sagen wollen …“ bekommen Sie mehr Zeit zum Überlegen, und die Antwort klingt etwas geistreicher. Sie können sich auch kürzer fassen: „Ja, bei mir fühlt man sich sauwohl.“

Die drei Varianten unterscheiden sich in ihrer Prägnanz. Hier ein Beispiel, wie es klingt, wenn Sie auf einen Vorwurf inhaltlich das Gleiche antworten und nur die Formulierung wechseln.

- Alle lachen ja über Sie!
  - *Wenn Sie damit sagen wollen, dass ich demnächst die Harald-Schmidt-Show übernehme, gebe ich Ihnen Recht.*
  - *Sie wollen damit sagen, dass ich demnächst die Harald-Schmidt-Show übernehme.*
  - *Stimmt, ich übernehme demnächst die Harald-Schmidt-Show.*

Nachfolgend einige Beispiele zur Methode „Sie wollen damit sagen …“.

Bitte halten Sie die Antworten zu, und versuchen Sie, selbst Antworten zu finden. Sie können die Beispiele je zwei Mal durchspielen. Einmal etwas Positives für sich selbst hineininterpretieren und das zweite Mal etwas Negatives für den Angreifer.

- Sie Krücke!
  ↳ *Sie wollen damit sagen, dass Sie meine Unterstützung brauchen.*
  ↳ *Wenn Sie damit sagen wollen, dass ich andere Menschen stütze, dann stimme ich Ihnen zu.*
- Sie kommen wohl aus kleinen Verhältnissen, aus irgendeinem Kuhdorf, und Ihr Vater war Arbeiter.
  ↳ *Sie wollen damit sagen, dass ich aus denselben Verhältnissen komme wie Einstein, Hemingway und die Beatles.*
- Sie sind doch ein Hanswurst!
  ↳ *Sie wollen damit sagen, dass ich der Einzige bin, der ein bisschen Lockerheit in den steifen Haufen hier bringt.*
- Benimm dich nicht wie ein Flegel!
  ↳ *Wenn du damit sagen willst, dass ich unkonventionell und locker bin, geb ich dir Recht.*
- Müssen Sie immer so laut schreien?
  ↳ *Wenn Sie damit sagen wollen, dass ich mich klar und unmissverständlich ausdrücke, stimme ich Ihnen zu.*
- Mit Ihnen will doch niemand zusammenarbeiten!
  ↳ *Sie wollen damit sagen, dass ich einer der wenigen bin, der komplexe Aufgaben eigenständig erledigen kann.*
- Sie sind sicher so ein extremer Grüner!
  ↳ *Sie wollen damit sagen, dass die Umweltproblematik für mich einen hohen Stellenwert hat.*
- Gestern haben Sie das Gegenteil behauptet!
  ↳ *Stimmt, ich lerne schnell dazu.*

- Sie haben eine krakelige Schrift!
  ↳ *Wenn Sie damit sagen wollen, dass Sie einen Kurs im Lesen belegen sollten, stimme ich Ihnen zu.*

## Versteckter Gegenangriff (11)

Stellen Sie sich vor, jemand greift Sie an, und Ihnen bleibt die Luft weg. Die Wut steigt und nimmt Ihnen jeden Gedanken für eine vernünftige Antwort. Jetzt müssen Sie durch eine Erwiderung erst einmal eine Position schaffen, die Sie auf eine Ebene mit dem Angreifer bringt. Und das geht nur mit klassischen Kommunikationsmethoden wie Loben, seine Position formulieren, Zuhören, mit Namen anreden usw., wenn Sie in dem Moment noch Ihre Souveränität besitzen. Wenn Ihre Souveränität weich wie Butter geworden ist, müssen Sie sich erst einmal Luft verschaffen, um handlungsfähig zu bleiben. In solchen Situationen ist der versteckte Gegenangriff eine wirksame Strategie.

> Lassen Sie den Angreifer im schlechten Licht erscheinen. Unterstellen Sie ihm etwas.

Das dürfen Sie, das hat er ja auch getan. Die Unterstellung muss nicht zwingend der Wahrheit entsprechen, im Gegenteil. Es wirkt desto schlagfertiger, je weiter hergeholt, je übertriebener und absurder der Vorwurf ist.

In einem Tatortkrimi spielte ein Kleinwüchsiger mit. Er wurde von einem „Normalgroßen" beschimpft: „Du Zwerg, was willst du überhaupt!?" Darauf sagte der Kleinwüchsige: „Wie groß bist du?" Der andere: „Einszweiundachzig." Darauf der Kleinwüchsige: „Ich wusste gar nicht, dass man so viel Scheiße übereinander schichten kann!“

Die beiden im ersten Kapitel erwähnten Antworten von Winston Churchill und Hertha Schwätzig sind Musterbeispiele für eine Erwiderung mit Gegenangriff.

Lady Astor: „Wenn ich Ihre Frau wäre, würde ich Ihnen Gift geben.“ Churchill: „Wenn ich Ihr Mann wäre, würde ich’s nehmen.“ Ottfried Fischer: „Warum haben emanzipierte Kabarettistinnen einen so starken Mut zur Hässlichkeit?“ Hertha Schwätzig: „Also, wenn du sagen willst, dass Emanzen immer hässlich sind, dann säße ich ja mit lauter Emanzen am Tisch!“

Damit die Gegenattacke schlagfertig wirkt, müssen Sie zwei Dinge beachten:

- Nehmen Sie einen Teil aus dem Angriff auf, und bauen Sie ihn irgendwie mit in die Antwort ein. Dann wirkt Ihre Antwort geistreich.
- Die Botschaft muss möglichst indirekt ausgedrückt werden, der Zuhörer soll in Gedanken selbst auf die eigentliche Aussage kommen.

In England warf Lord Sandwich einem gewissen John Wilkes Folgendes vor: „Entweder enden Sie am Galgen, oder Sie gehen an den Pocken zu Grunde.“ Darauf John Wilkes: „Stimmt. Das eine, wenn ich nach Ihren Grundsätzen handle, und das andere, wenn ich mich mit Ihrer Mätresse einlasse.“

Alle Bedingungen für einen schlagfertigen Gegenangriff waren hier erfüllt:

- Es wurde ein Teil des Angriffs mit in die Antwort aufgenommen: der Galgen und die Krankheit.
- Die eigentliche Botschaft war durch die Blume ausgedrückt. Der Klartext lautete: Ihre Grundsätze sind verbrecherisch, Sie haben eine Mätresse, und die hat auch noch eine ansteckende Krankheit.

Ich möchte Ihr Augenmerk noch einmal darauf richten, dass es für die schlagfertige Wirkung nicht maßgebend ist, dass der Vorwurf der Wahrheit entspricht. Ich nehme stark an, dass Lord Sandwich keine Mätresse hatte, und wenn, dann litt sie sicher nicht an Pocken. Sie konstruieren ein kompromittierendes, absurdes Szenario.

In einer Diskothek in Luzern, in der während der Woche kein Eintritt verlangt wurde, verlangte an einem Wochenende der Türsteher 20 Franken Eintritt von mir. Ich fragte ihn erstaunt: „Wieso?“ Er antwortete mit einem süffisanten Lächeln: „20 Franken ist doch nicht viel. Das kannst du dir bei deinem Verdienst wohl nicht leisten? Was arbeitest du denn?“ Darauf antwortete ich: „Ich bin Türsteher.“

Aufgreifen, was der andere sagt – Gegenattacke durch die Blume.

Ein Gegenangriff ist auch möglich, ohne den Ursprungsvorwurf mit in die Antwort zu verweben. Sie können übergangslos zu einer komplett anderen Attacke übergehen. Das wirkt aber nur dann schlagfertig, wenn der Vorwurf absurd oder frech genug ist. Beispiel: Sagt einer: „Wie wär's mit neuen Schuhen?“, antworten Sie: „Wie wär's mit 'nem neuen Gebissreiniger?“

Glauben Sie nicht, dass Ihnen solche Antworten nicht einfallen werden. Es ist gar nicht so schwer. Mit der Systematik können Sie Antworten dieser Art finden. Nicht in

100 von 100 Fällen, aber wesentlich häufiger, als wenn Sie nicht systematisch auf die Suche gehen.

Um schlagfertige Antworten zu geben, müssen Sie prinzipiell in der Lage sein, Botschaften indirekt auszudrücken.

Daher gibt es nachfolgend eine Vorübung, um das zu trainieren. Bitte drücken Sie die folgenden Vorwürfe indirekt, durch die Blume, aus, sodass der Zuhörer in Gedanken die eigentliche Aussage erst ergänzen muss. Bitte decken Sie wieder die Antworten ab, und versuchen Sie, selbst Antworten zu finden.

- Du warst im Gefängnis!
  ↳ *Ist dein Bewährungshelfer schon wieder vom Urlaub zurück?*
- Du bist geistig minderbemittelt!
  ↳ *Wann musst du wieder ins Heim zurück?*
- Du hast ja Schweißfüße!
  ↳ *Schweißfußeinlagen gibt's jetzt verbilligt, das dürfte dich auch interessieren.*
- Du bist hässlich!
  ↳ *Die Natur hat dich auch nicht gerade verwöhnt.*
  ↳ *Hast du die Rolle als Frankensteins Bruder jetzt bekommen?*
- Sie haben eine krumme Nase!
  ↳ *Wenn Sie Ihrer Nase nachlaufen, laufen Sie immer im Kreis.*
- Sie sind beschränkt!
  ↳ *Haben Sie jetzt endlich gelernt, die Schuhe zu binden?*
- Niemand mag dich!
  ↳ *Ist doch praktisch, wenn niemals das Telefon zu Hause klingelt.*

- Du bist dick!
  ↳ *Da hat jetzt ein Geschäft mit Kleidergröße 60 aufgemacht.*

Noch einmal: Wenn Sie sich persönlich angegriffen fühlen, machen Sie eine Bemerkung, die den Angreifer kompromittiert. Nehmen Sie dabei irgendwie Bezug auf seinen Angriff, und machen Sie einen Gegenangriff möglichst indirekt, durch die Blume.

Nachfolgend einige Beispiele für die Methode Gegenangriff: Unterstellen Sie dem Angreifer etwas. Decken Sie die Antworten ab, und versuchen Sie zunächst, eigene Antworten zu finden.

- Du blökst wie ein Hammel!
  ↳ *Wenn ich dich anschaue, fühle ich mich wie einer.*
- Ihre Antworten gefallen mir nicht.
  ↳ *Eine Antwort kann nur so gut sein wie die Frage.*
- Wir reden miteinander, wenn du wieder nüchtern bist.
  ↳ *Nüchtern bist du leider nicht zu ertragen.*
- Ihr Friseur ist wohl im Urlaub?
  ↳ *Wieso? Ich war bei Ihrem!*
- Sie sind eine Marionette der Geschäftsleitung!
  ↳ *Und Sie ärgert es, dass Sie die Fäden nicht ziehen können.*
- Ich habe einen Trumpf in der Hand.
  ↳ *Mit einem Menschen, der nur Trümpfe hat, will niemand Karten spielen.*
- Sind die Perlen echt?
  ↳ *Ich werfe keine echten Perlen vor die Säue!*

- Kannst du nicht mal andere Kleider anziehen?
  ↳ *Kannst du mich mal mitnehmen, wenn du wieder zur Caritas-Kleiderausgabe gehst?*
- Frauen ab 30 bauen ab.
  ↳ *Männer bauen nicht mal auf.*
- Ihre Bemerkungen sind billig.
  ↳ *Sind Sie mehr wert?*
- Männer mit Ohrringen sind schwul!
  ↳ *Warum tragen Sie dann keinen?*

Nachfolgend noch fünf Standardantworten, die Sie immer, egal bei welchen Vorwürfen, einsetzen können. Es sind unterschwellige, unkonkrete Vorwürfe, die signalisieren: Du bist selbst nicht o.k., du hast Dreck am Stecken, und ich weiß es.

**Standards:**

- *Wir haben ja vernommen, wer das gerade gesagt hat.*[5]
- *Wer im Glashaus sitzt, sollte nicht mit Steinen werfen.*
- *Also, dass gerade Sie so etwas sagen.*[5]
- *Ich passe mich meiner Umgebung an.*
- *Sie sind halt mein Vorbild.*

Wenn jemand über Ihr Aussehen eine abfällige Bemerkung macht, so gibt es eine sehr wirksame Standardantwort mit verstecktem Gegenangriff, die universell einsetzbar ist. Sie lautet:

**Standard:**

- *Wir wollen uns nicht über unsere körperlichen Misslichkeiten unterhalten. Niemand so gut wie Sie weiß, dass das sehr schnell peinlich werden könnte.*

Diese Antwort wirkt bei jedem. Niemand ist zu 100 Prozent mit sich zufrieden.

Nachfolgend einige absurde Gegenangriffe, die zwar keinen Bezug zum eigentlichen Angriff haben, aber den Angreifer im schlechten Licht erscheinen lassen. Nehmen wir an, jemand sagt „Du Idiot“ zu Ihnen, so könnten Sie antworten:

**Standards:**

- *Wann musst du eigentlich wieder ins Heim zurück?*
- *Geht's wieder seit deinem Unfall?*
- *Wenn mich meine Frau betrügen würde, dann würde ich auch solchen Unsinn daherreden.*
- *Um das zu beurteilen, müssten Sie einen IQ haben, der über der Raumtemperatur liegt.*
- *Toll, wie gut du schon wieder sprechen kannst!*

## Lieber ... als ..., noch ein versteckter Gegenangriff (12)

Sie sind ein Mann. Sie gehen mit einigen Freunden im Park spazieren. Plötzlich sagt einer zu Ihnen, sodass es alle hören können: „Dein Hosenschlitz steht offen.“ Das ist im Normalfall eine unangenehme Situation. Peinlich, peinlich. Aber Sie platzen heraus: „Lieber offenen Hosenschlitz als offene Rechnungen“ und ziehen lässig Ihren Reißverschluss zu. Hinter dieser Antwort steckt eine systematische Antwortschablone. Sie lautet: „Lieber ... als ...“ Dies ist ein Schlagfertigkeitsmuster, das intuitiv bereits von vielen Menschen angewandt wird. Wir wollen es hier systematisch erlernen.

Das Schema „Lieber … als …“ gehört in die Kategorie des Gegenangriffs, weil alles, was nach dem „als“ kommt, ein indirekter Vorwurf an den ist, der die Aussage gemacht hat. Während einer Übung in meinem Schlagfertigkeitsseminar wurde eine Teilnehmerin mit einer extravaganten Frisur von einem anderen Teilnehmer angegriffen. Er giftete: „Ihre Frisur sieht aus wie ein Helm!“ Darauf antwortete die Teilnehmerin: „Lieber Helm am Kopf als nichts im Kopf!“ Das „nichts im Kopf!“ war auf den Angreifer gemünzt. Eins zu null für die Dame.

Beim Schema „Lieber … als …“ wird meistens ein Wort aus dem Vorwurf, das phonetisch ähnlich klingt, mit in die Antwort aufgenommen. Es reicht, wenn sich das Wort in den Anfangsbuchstaben gleicht. Da sagt Ihnen jemand: „Du Brillenschlange!“ Sie geben zur Antwort: „Lieber eine *Brille* als ein *Brett* vorm Kopf.“ Die Antwort wirkt.

Der Vorwurf, der nach dem „als“ formuliert wird, sollte natürlich auf den Angreifer passen. Wenn Ihnen jemand vorwirft: „Sie sind aggressiv“ und Sie geben zur Antwort: „Lieber aggressiv als inaktiv“, so greift das nur dann, wenn das auf den anderen wirklich zutrifft. Wenn er ein Workaholic ist, hat so eine Aussage keine Kraft. Dann passt besser: „Lieber aggressiv als hyperaktiv.“ Wenn der andere ein antriebsschwacher Endlosstudent ist, könnte man sagen: „Lieber aggressiv als alternativ.“

Sie können das Muster „Lieber … als …“ auch mit einem positiven Zusatz versehen. Nehmen wir noch ein Mal das vorhergehende Beispiel der „Brillenschlange“. Sie könnten auch zur Antwort geben: „Lieber eine Brille und viel gelesen, als ein Brett vorm Kopf.“ Sie ziehen zusätzlich aus dem Vorwurf einen positiven Schluss. Wer eine Brille hat, hat viel gelesen. Das interpretieren Sie einfach hinzu.

- Sie haben kein Gefühl.
  ↳ *Lieber kein Gefühl und schmerzfrei als keine Manieren.*

Einen Vorwurf können Sie in der Antwort auch beliebig nach Ihrem Gutdünken abwandeln und umformulieren. Wenn Ihnen jemand sagt: „Sie haben zugenommen“, so müssen Sie nicht zwingend antworten: „Lieber zugenommen als …“, sondern Sie könnten beispielsweise sagen: „Lieber dick als doof!“ Den Vorwurf „zugenommen“ haben Sie umformuliert in „dick“. Oder wenn man Ihnen sagt: „Ihr Hemd ist zerknittert“, so können Sie antworten: „Lieber ungebügeltes Hemd als ungehobeltes Verhalten!“ Aus „zerknittert“ haben Sie „ungebügelt“ gemacht.

Bei den nachfolgenden Beispielen sind bei einigen Antworten die positiven Uminterpretationen in Klammern geschrieben. Zum Training können Sie alle Beispiele einmal mit positiver Uminterpretation und einmal ohne durchspielen. Bitte decken Sie die Antworten ab, und versuchen Sie, selbst Antworten zu finden.

- Du isst ganz schön viel!
  ↳ *Lieber zu viel essen (und gesund aussehen) als zu viel reden.*
- Sie sind ein Schlitzohr.
  ↳ *Lieber Schlitzohr (aber clever) als Schlappschwanz!*
- Du bist geizig!
  ↳ *Lieber geizig (und Geld auf der Bank) als garstig (und pleite).*
- Deine Kleider sind ein bisschen altmodisch.
  ↳ *Lieber altmodisch als modisch und alt!*
- Du bist ein Landei!
  ↳ *Lieber ein Landei (und robust) als ein Weichei.*

- Was, so alt sind Sie schon?
  ↳ *Lieber reifes Aussehen als steifes Benehmen.*
- Ihre Hose hat Falten!
  ↳ *Lieber 1000 Falten an der Hose als 1000 Falten …*
- Die Schuhe passen nicht zu deinem Pullover.
  ↳ *Lieber unpassende Schuhe als unpassende Bemerkungen.*
- Frau am Steuer – Ungeheuer.
  ↳ *Lieber ungeheure Frau am Steuer als blau am Steuer.*

Besonders geistreich wirkt es, wenn man das Schema „Lieber … als …“ mit dem Schema „absichtlich missverstehen“ kombinieren kann. Zur Erinnerung: Absichtlich missverstehen heißt so tun, als ob man ein Wort in einer anderen Bedeutung verstanden hätte.

- Sie sind ja schon wieder am Feiern.
  ↳ *Lieber Feste feiern als feste arbeiten.*
- Du hast ein zu großes Maul.
  ↳ *Lieber ein zu großes Maul (und ordentlich satt) als zu großer Hunger.*
- Ihr Zenit ist überschritten.
  ↳ *Lieber den Zenit überschritten als gar keinen Berg bestiegen.*
- Du bist ganz schön arm dran!
  ↳ *Lieber arm dran als Arm ab.*
- Sie sind ‘ne Pfeife!
  ↳ *Lieber ‘ne Pfeife als völlig unmusikalisch.*

Sie können das Lieber-als-Schema auch ohne klangliche Ähnlichkeit anwenden. In diesem Fall machen Sie nur ein Wortspiel nach dem „als“.

- Sie sind ja nur so groß, weil Ihre Schuhe so hoch sind.
  ↳ *Lieber hohe Schuhe (und den Überblick behalten) als die Nase zu weit oben.*
- Gestern war's wieder ganz schön laut im Treppenhaus.
  ↳ *Lieber laut im Treppenhaus als gar niemand zu Besuch.*
- Du bist ein Landei!
  ↳ *Lieber ein Landei als ein Batteriehuhn.*
- Du siehst aus wie ein Gemälde von Picasso.
  ↳ *Lieber von Picasso gemalt als vom Schicksal gezeichnet!*
- Sie sind eine Marionette der Geschäftsleitung.
  ↳ *Lieber eine Marionette als der Hampelmann.*

## Wer sich mit dem König vergleicht (13)

Jemand sagt zu Ihnen: „Sie sind gebildet wie mein Dackel." Sie geben zur Antwort: „Da haben Sie aber einen tollen Dackel!"

Antwort lässt sich schematisieren.

> Wenn Sie jemand mit etwas Negativem vergleicht, loben Sie den Vergleichsgegenstand.

Das entspringt der gesunden inneren Grundeinstellung: Ich bin der König. Jeder, der sich mit mir vergleichen darf, muss froh sein. Die Schlagfertigkeit entsteht wieder dadurch, dass das Selbstbewusstsein ins Absurde gesteigert wird.

Achten Sie bei Angriffen in Zukunft auf das Wort „wie". Wenn dieses Wort in einem Vorwurf vorkommt, können Sie fast immer mit diesem Schema reagieren.

Nachfolgend einige Beispiele:

- Sie schreien wie eine Sirene.
  ↳ *Schön für die Sirene.*
- Hier ist eine Unordnung wie im Saustall.
  ↳ *Da kennen Sie aber erlesene Sauställe.*
- Sie haben das Taktgefühl einer Dampfwalze.
  ↳ *Schön für die Dampfwalze.*
- Feministen sehen immer aus wie Müllmänner.
  ↳ *Da kennen Sie aber klasse Müllmänner!*

**Standard:**

▪ *Da kennen Sie aber tolle …*

Eine Abwandlung der oben genannten Methode ist auch auf Angriffe übertragbar, bei denen Sie nicht direkt mit etwas Negativem verglichen werden.

- Sie haben wohl noch nie 'ne Schule besucht?
  ↳ *Ja, schade für die Schule.*

Die Antwort entspringt aus einem übertriebenen, zu Schau gestellten Selbstbewusstsein.

Weitere Beispiele zur Methode „Wer sich mit dem König vergleicht". Bitte decken Sie die Antworten ab, und versuchen Sie erst einmal, eigene Antworten zu finden.

- Du hast aber eine ganz schön laute Stimme.
  ↳ *Wer so viel zu sagen hat, braucht eine laute Stimme.*

- Wie kompensieren Sie Ihre mangelnde Menschenkenntnis?
  ↳ *Wenn jeder einen kennt, braucht man keine Menschenkenntnis.*
- Wann haben Sie Ihr letztes Buch gelesen?
  ↳ *Bei meinem Wissen brauch ich das nicht mehr!*
- Sie sind meine Freundschaft nicht wert.
  ↳ *Wie schade für Sie!*
- Sind Sie sicher, dass Sie wieder als Mann auf die Welt kommen wollen?
  ↳ *Ja, wenn ich wieder so aussehe.*

## Die Keule im Geschenkpapier (14)

Sie, liebe Leser, wollen schlagfertiger werden. Wenn andere Sie angreifen, möchten Sie eine gute Replik geben können. Ich möchte Ihre Aufmerksamkeit aber auch darauf richten, dass *Sie* in vielen Fällen derjenige sind, der andere angreift. Das ist uns meistens gar nicht bewusst. Wir sind niemals nur Opfer, sondern oft auch Täter. Es ist jedoch nicht der offene Angriff, sondern der indirekte Angriff, den viele Menschen häufig benutzen. Und weil sie es nur indirekt ausdrücken, was sie eigentlich sagen wollen, sind sie überzeugt, nichts Negatives gesagt zu haben. In diesem Kapitel stelle ich Ihnen eine Methode vor, wie Sie gegen diese in Geschenkpapier eingepackten Keulen vorgehen können.

Nehmen wir an, Sie sind bei einer Stehparty, unterhalten sich angeregt mit einem anderen Gast und bestellen im Vorübergehen bei der Bedienung ein Glas Wein. Plötzlich sagt Ihr Gesprächspartner: „Ach, Sie trinken Alko-

hol? Ich kann auch so lustig sein." Sie können davon ausgehen: Der Mann ist der vollen Überzeugung, nichts Böses gesagt zu haben. Die Subbotschaft, die Sie aus dieser „harmlosen Bemerkung" herauslesen können, lautet aber: „Ich bin viel besser als Sie! Sie sind ein verklemmter Mensch, der Alkohol braucht, um aus sich rauszugehen." Weil unser netter Gesprächspartner das aber so nicht gesagt hat, können wir ihm auch nicht direkt etwas erwidern. Denn wo ist eigentlich der Angriff?

Gegen diese netten, getarnten Sticheleien gibt es eine Strategie, die sehr wirksam ist.

**Sprechen Sie in aller Deutlichkeit das aus, was der Angreifer nicht auszusprechen wagt.**

Dabei können Sie ruhig deftig übertreiben.

Wenden wir diese Regel einmal auf die vorhergehende Bemerkung an:

- Ach Sie trinken Alkohol? Ich kann auch so lustig sein.
  > ↳ *Sie wollen damit sagen, ich bin ein verklemmter Alkoholkranker, der nur dann aus sich rausgehen kann, wenn er vollkommen besoffen ist. Ist das richtig?*

In der überwiegenden Zahl der Fälle passiert Folgendes. Der Angreifer erschrickt derart über seine „eigenen Worte“, dass er schleunigst versuchen wird, *Sie* zu verteidigen: „Nein, so habe ich das sicherlich nicht gemeint.“ *Er* übernimmt die Aufgabe, Sie wieder ins rechte Licht zu rücken.

Als ich noch Rhetorik-Abendkurse gab, war ich in einer Schule, in der die Kursräume im Wechsel von unterschiedlichen Kursleitern belegt waren. Oftmals stand ich bereits vor der Kurszimmertür, bevor die vorhergehende Stunde zu Ende war. Mit mir warteten auch immer einige meiner Kursteilnehmer, die sich bereits frühzeitig vor dem eigentlichen Kursbeginn eingefunden hatten. Eines Tages begutachtete mich eine der Teilnehmerinnen des vorhergehenden Kurses beim Herauskommen mitleidig und sagte mit einem verspannten Lächeln: „Bei Ihnen werden es auch immer weniger im Kurs.“

Damals habe ich nichts erwidert. Die richtige Antwort wäre gewesen: „Sie wollen mir praktisch sagen, dass *Sie* in einem genialen Kurs gelandet sind und dass ich als Kursleiter ein Versager bin. Ist das so?“

Garantiert hätte die Dame, peinlich betroffen, heftig widersprochen.

Wenn Sie sich durch einen „getarnten“ Angriff getroffen fühlen, sprechen Sie im Klartext aus, was Sie in dieser Bemerkung „gehört“ haben. Packen Sie die mit Geschenkpapier umwickelte Keule aus, und übersteigern Sie sie ins Negative. Jetzt wird sie in ihrer Hässlichkeit für jedermann sichtbar, und der Angreifer, der dann von seiner eigenen Härte überrascht ist, wird Ihre Verteidigung übernehmen.

Nachfolgend einige Beispiele für die Technik „Keule aus dem Geschenkpapier packen". Wichtig beim Lesen dieser versteckten Angriffe ist, sich die entsprechende Tonlage vorzustellen. Sie macht aus den harmlos wirkenden Worten erst einen Angriff. Decken Sie die Erwiderungen erst einmal zu, und finden Sie eigene Antworten.

Der Kollege mit gepresster Stimme:

- Wie ich Ihnen schon mal erklärt habe …
  ↳ *Sie meinen also, ich bin zu blöd, um das zu kapieren, und man muss mir alles hundert Mal erklären.*

Mann zur Ehefrau:

- Wie viel hat das Kleid gekostet?
  ↳ *Du willst mir sagen, dass ich mein Geld für sinnlose, unnötige Sachen verschleudere.*
- Wann gedenkst du aufzuräumen?
  ↳ *Du willst sagen, dass ich immer einen Saustall hinterlasse.*

Ein Zuschauer, nachdem Sie ergebnislos versucht haben, einem Kaffeespender Kaffee zu entlocken:

- Das ist im Prinzip ein ganz einfaches System.
  ↳ *Sie wollen mir praktisch sagen, wer so einen einfachen Kaffeespender nicht bedienen kann, ist beschränkt.*

Seminarorganisatorin zu Seminarleiter:

- Bei anderen Seminaren habe ich 45 Einschreibungen.
  ↳ *Sie wollen mir praktisch sagen, dass ich als Seminarleiter erfolglos bin und froh sein soll, dass Sie sich überhaupt meiner annehmen.*

Weitere Möglichkeiten:

- Deine Frisur ist ziemlich ungewöhnlich.
  ↳ *Du willst mir sagen, dass meine Frisur zum Kotzen ist und ich keinen Geschmack habe.*
- Warum haben Sie mich nicht um Rat gefragt?
  ↳ *Sie wollen sagen, dass ich zu blöd bin, irgendeine Sache allein zu lösen.*
- Wann haben Sie Ihr letztes Buch gelesen?
  ↳ *Sie wollen mir sagen, dass ich mich nur auf Erstklässlerniveau ausdrücken kann und Sie sich mit mir blamieren.*
- Warum schreiben Sie Ihre Gedanken nicht auf?
  ↳ *Sie wollen damit sagen, dass ich ständig alles vergesse.*
- Ich hab eigentlich gar nichts gegen Beamte.
  ↳ *Sie wollen sagen, dass Beamte faule Säcke sind, die sich auf Kosten der Allgemeinheit ein schönes Leben machen. Menschen zweiter Klasse. Ist das so?*

Die Standardantworten für die Methode „Keule auspacken“ sind diesmal nicht Satzanfänge, sondern Satzenden. Es sind negative Übersteigerungen, die Sie an jede Aussage anhängen können. Mit diesen negativen Übersteigerungen können Sie sicher sein, dass fast jeder seine ursprüngliche Aussage zurückzunehmen versucht.

**Standards:**

- *Sie wollen damit sagen … dass ich ein Mensch zweiter Klasse bin.*
- *Sie wollen damit sagen … dass ich ein Versager bin.*

## Das Fettnäpfchen für den Angeber (15)

Angeben tun ja nur die anderen. Wir selbst beklagen uns nur über diejenigen, die immer penetrant und unverblümt herauskehren müssen, wie bedeutend sie sind, welche tollen Leute sie kennen, was für hervorragende Fähigkeiten sie haben und was sie sich alles leisten können. Aber bei der Angeberei gilt wie auf fast keinem anderen Gebiet:

> Nur weil wir mit dem Finger auf andere zeigen können, sind wir noch lange nicht frei von diesem Laster.

Wir alle erzählen hin und wieder von Dingen – mit dem Hintergedanken, bewundert und beneidet zu werden. Das gilt natürlich auch für mich. Es hilft aber manchmal schon, sich objektiv selbst zu beobachten, wie schwach man mal wieder reagiert hat, damit es in Zukunft besser wird.

Dies ist aber kein Kapitel zum „Heiligwerden“, sondern ich möchte Ihnen zeigen, wie Sie gegen Angeberei wirksam vorgehen können.

Diese Technik habe ich entwickelt, weil ich selbst Täter einer solchen versteckten Angeberei gewesen bin. Das Opfer hat so wirksam reagiert, dass ich daraus eine Regel gegossen habe.

Ich unterhielt mich einmal mit einem Jazzmusiker über unseren Beruf. Es ging darum, welcher wohl der interessantere sei: Musiker oder Moderator. Ich fühlte mich in der Diskussion im Hintertreffen und wollte auftrumpfen: „Ich verdiene sicherlich mehr als du.“ Darauf gab er zur

Antwort: „Ich verdiene wenig, das stimmt. Ich komme aus armen Verhältnissen und bin es gewohnt, arm zu leben.“ Schluck. Ich war beschämt und wollte am liebsten im Boden versinken.

Bei so einer Antwort setzt ein Reflex aus Erziehung und Religionsunterricht ein: Wir wollen nicht verantwortlich dafür sein, dass sich ein anderer armselig vorkommt. Wir verstoßen damit gegen unsere Bescheidenheitsschablone.

Wenn jemand mit seinem Malediveneurlaub protzen will oder andeuten will, dass er mehrere Autos besitzt … usw., dann geben wir ihm doch diese Anerkennung. Aber nicht so, wie er es erwartet, sondern indem wir uns selbst zurücksetzen.

Machen Sie sich bewusst klein.
Geben Sie sich als Verlierer bekannt.

Die Antwort hat nur Kraft, wenn sie *keinen ironischen* Unterton hat. Es muss ernsthaft klingen, damit es seine Wirkung nicht verfehlt.

Damit Ihnen auf Anhieb eine passende Antwort einfällt, fangen Sie im Geiste einen Satz an mit: „Im Vergleich mit dir komme ich mir armselig vor, weil …“ Sie können diesen Satz auch in Ihre Antwort einflechten.

Durch unsere Antwort lösen wir beim anderen das Gefühl aus, ins Fettnäpfchen getreten zu sein.

Nachfolgend einige Beispiele für die „Fettnäpfchen“-Technik. Decken Sie die Antworten ab, und suchen Sie zuerst wieder selbst Antworten.

- Wir waren in diesem Jahr auf den Malediven, nächstes Jahr wollen wir nach Bali.

↳ *Wir können uns nur einen Urlaub im Bayerischen Wald leisten.*

- Von unseren drei Autos fahre ich meistens den Mercedes.
  ↳ *Mein Auto ist 10 Jahre alt und klappert schon, für ein neues langt's nicht.*
- Ich habe Abitur gemacht und dann studiert.
  ↳ *Ich habe nur eine Lehre gemacht.*
- Mein Sohn ist Oberingenieur und hat fünf Leute unter sich.
  ↳ *Mein Sohn arbeitet am Fließband.*
- Wie findest du den neuesten Roadster?
  ↳ *Mein Käfer muss es noch eine Weile tun.*
- Waren Sie in der neusten Dichterlesung?
  ↳ *Wissen Sie, ich habe nur Volksschulbildung.*
- Ich trage nur noch Mooshammer-Hemden.
  ↳ *Die krieg ich bei der Kleiderspende nicht.*
- Eine gute Flasche Wein kriegt man ja nicht unter 30 Mark.
  ↳ *Ich kaufe den Wein bei Aldi, da ist er am billigsten.*
- Ich hab an jedem Finger eine Frau.
  ↳ *Mich beachtet keine Frau. Wahrscheinlich bin ich zu hässlich und zu uninteressant.*

## Die sachliche Erwiderung auf Bosheiten (16)

Wenn Ihnen jemand eine Unverschämtheit der Art „Das ist doch kompletter Unfug, den Sie da von sich geben“ an den Kopf wirft, so können Sie demjenigen durch eine sachliche, nüchterne Umschreibung seiner Aussage den Wind aus den Segeln nehmen. Sie könnten etwa erwidern: „Sie machen sich Gedanken über den Inhalt meiner Aussage." Dadurch haben Sie einen persönlichen Angriff auf die Sachebene heruntergezogen. Diese Reaktionsmuster wurde von Barbara Berckhahn in ihrem Buch *Die etwas intelligentere Art, sich gegen dumme Sprüche zu wehren* vorgestellt.

Da kommentiert jemand Ihre vorgeschlagene Lösung mit dem Zwischenruf: „Das ist der größte Schwachsinn, den ich je gehört habe." Sie geben ruhig zur Antwort „Ihnen gefällt mein Vorschlag wohl nicht" und reden ohne Pause weiter.

Formulieren Sie seinen giftigen Vorwurf so um, wie ein Gentleman es vernünftig und höflich ausgedrückt hätte. Oder beschreiben Sie seine Emotionslage.

Diese Art des Reagierens ist vor allem dann ratsam, wenn es sich um deftige Vorwürfe handelt, wenn beim anderen die Stimme erhoben ist oder die Grenze zum Persönlichen überschritten wurde. Sie eignet sich übrigens auch hervorragend als Erwiderung auf Zwischenrufe bei Vorträgen.

Nachfolgend einige Beispiele, bei denen unsachliche Vorwürfe sachlich wiedergegeben werden. Bitte decken Sie die Antworten ab, und versuchen Sie, eigene Antworten zu finden.

- Vielleicht sollten Sie mal Ihr Gehirn beim Arbeiten einschalten.
  ➷ *Sie finden, ich habe bei meiner Arbeit etwas nicht beachtet.*

- Sie reden nur Stuss.
  ↳ *Ihnen gefällt nicht, was ich sage.*
- Kümmern Sie sich gefälligst um Ihre eigenen Angelegenheiten.
  ↳ *Sie möchten Ihre Arbeit alleine tun.*
- Du läufst rum wie eine Nutte.
  ↳ *Du sorgst dich um meine Kleider.*
- Du bist zu fett.
  ↳ *Du bist besorgt um meine Gesundheit.*

**Standards:**

- *Sie sind erregt.*
- *Sie sind besorgt.*
- *Sie machen dich Gedanken.*
- *Sie sind verärgert.*
- *Sie sind skeptisch.*
- *Ihnen gefällt mein Vorschlag nicht.*

# Das Wichtigste auf einen Blick

- Erwiderungstechnik (6): Sie stimmen dem Vorwurf voll und ganz zu, aber derart übertrieben, dass es lächerlich wirkt.
  - Du hast dich ganz schön verändert!
  ↳ *Stimmt, selbst meine Mutter dachte, ein UFO ist gelandet.*
- Erwiderungstechnik (7): Einen Vorwurf können Sie entwerten, indem Sie den Angriff pauschal als die Meinung des Angreifers darstellen.

- Sie haben die Unterlagen verschlampt.

↳ *Das ist Ihre Meinung. Suchen Sie nochmal richtig.*

- Erwiderungstechnik (8): Wiederholen Sie den Vorwurf mit der zusätzlichen Einleitung: „Sie finden …“, und sagen Sie danach: „Das ist Ihr Problem.“
  - Was ist denn das für ein Mist?

  ↳ *Sie finden, das ist Mist. Das ist Ihr Problem.*
- Erwiderungstechnik (9): Geben Sie eine Antwort, indem Sie fragen: Welchen Nutzen hat diese Attacke für mich, oder welchen Nachteil hat das für den Angreifer?
  - Dich haben Sie als Kind wohl fallen gelassen!?

  ↳ *Seitdem hab ich keine Flugangst mehr.*
- Erwiderungstechnik (10): Geben Sie eine Antwort, die mit der Formulierung „Sie wollen damit sagen“ anfängt. Anschließend können Sie eine beliebige Interpretation nachschieben.
  - Gestern haben Sie das Gegenteil behauptet!

  ↳ *Sie wollen damit sagen, ich lerne schnell dazu.*
- Erwiderungstechnik (11): Geben Sie eine Antwort, wo Sie den Angreifer im schlechten Licht erscheinen lassen. Machen Sie den Gegenangriff möglichst indirekt.
  - Wir reden miteinander, wenn du wieder nüchtern bist.

  ↳ *Nüchtern bist du leider nicht zu ertragen.*
- Erwiderungstechnik (12): Geben Sie eine Antwort mit der Antwortschablone: „Lieber … als …“
  - Die Schuhe passen nicht zu deinem Pullover.

  ↳ *Lieber unpassende Schuhe als unpassende Bemerkungen.*
- Erwiderungstechnik (13): Wenn Sie jemand mit etwas Negativem vergleicht, loben Sie den Vergleichsgegenstand.
  - Sie sind gebildet, wie mein Dackel.

  ↳ *Da haben Sie aber einen tollen Dackel.*

- Erwiderungstechnik (14): Bei versteckten Angriffen, sprechen Sie in aller Deutlichkeit das aus, was der Angreifer nicht auszusprechen wagt.
  - Das ist im Prinzip ein ganz einfaches System.
  - ➪ *Sie wollen mir praktisch sagen, wer so einen einfachen Kaffeespender nicht bedienen kann, ist beschränkt.*
- Erwiderungstechnik (15): Bei Angeberei: Machen Sie sich bewusst klein, Geben Sie sich als Verlierer bekannt.
  - Ich hab an jedem Finger eine Frau.
  - ➪ *Mich beachtet keine Frau. Wahrscheinlich bin ich zu hässlich und zu uninteressant.*
- Erwiderungstechnik (16): Formulieren Sie einen giftigen Vorwurf so um, wie ein Gentleman es vernünftig und höflich ausgedrückt hätte. Oder beschreiben Sie die Emotionslage des Angreifers.
  - Kümmern Sie sich gefälligst um Ihre eigenen Angelegenheiten.
  - ➪ *Sie möchten Ihre Arbeit allein tun.*

# 3. Teil: Schlagfertigkeit in Wortgefechten, Diskussionen, Interviews

Das strategische Verhalten in Wortgefechten, Diskussionen und Interviews wird in der Literatur im Allgemeinen mit dem Wort Dialektik bezeichnet. Da ich ein Feind von allen unnötigen Fremdwörtern bin, werde ich dieses Wort für den Rest dieses Buches nicht mehr benutzen. Sie können wunderbar lernen, sich in Diskussionen hervorragend zu schlagen, ohne dieses Fremdwort zu kennen.

Viele Autoren unterscheiden zwischen fairem und unfairem Verhalten. Beurteilen Sie die einzelnen Strategien selbst. Die von mir vorgestellten Methoden werden in der Realität benutzt, ob wir uns das wünschen oder nicht. Mein Anliegen ist es, Ihnen das ganze Spektrum an Möglichkeiten zu zeigen – ohne ein Etikett „gut“ oder „böse“ anzukleben. Wenn Ihnen die eine oder andere Strategie

„unfair“ vorkommt, so benutzen Sie sie nicht, aber Sie wissen wenigstens, dass es sie gibt und wie Sie sich dagegen wehren können. Karsten Bredemeier schreibt in seinem Buch *Nie wieder sprachlos:* „Die Methode ist zunächst einmal wertneutral. Ob Sie sich in der Anwendung als faires oder unfaires Mittel erweist, liegt in der Absicht des Anwenders.“

## „Go ahead. What are you interested in?“ – Die Initiative ergreifen

Ich sollte einmal für eine amerikanische Firma in Englisch und Deutsch moderieren. Die deutsche Niederlassung befand sich in Frankfurt, die Werbeagentur war in Chicago und das Headquarter in New York. Die Amerikaner wollten vorher hören, wie gut ich Englisch kann. Zu diesem Zweck wurde ein Konferenztelefonat zwischen Frankfurt, New York, Chicago und Zürich geschaltet, wo ich wohne. Sie können sich sicher die Prüfungssituation für mich vorstellen. Vier Leute sitzen in unterschiedlichen Ecken der Welt wartend in der Leitung. Wer sagt wohl das erste Wort? Ich hatte mir vorgenommen, selbst die Initiative zu ergreifen. Ich wartete nicht, bis irgendjemand mich etwas fragte, sondern ich sagte in das Schweigen hinein: „Jim, here is Matthias. Go ahead. What are you interested in?“ Zu Deutsch: „Jim, hier spricht Matthias. Schieß los. Was interessiert dich?“ Damit war das Eis gebrochen. Mein Druck war weg, und die anderen redeten erst einmal. Danach war die Situation entspannt. Den Job habe ich übrigens bekommen.

Warten Sie nicht, bis der Andere das Wort ergreift. Sprechen Sie zuerst.

Machen Sie, wann immer möglich, den ersten Schritt – in Konfliktgesprächen, in Wortgefechten oder in anderen Dialogsituationen des Lebens.

Wenn Sie eine Gehaltserhöhung wollen, warten Sie nicht bis zum nächsten Jahresendgespräch, ob man Ihnen eventuell von selbst eine Erhöhung zugesteht, sondern gehen Sie direkt zum Chef und tragen Sie Ihr Anliegen vor. Die Chance, dass Sie die Gehaltserhöhung bekommen, ist wesentlich höher, als wenn Sie passiv darauf warten. Wenn Ihnen beispielsweise das nörgelnde Verhalten Ihres Chefs nicht passt, dann warten Sie nicht auf eine „günstige Gelegenheit", sondern gehen Sie entschlossen zu ihm, bitten um ein Gespräch und sagen ihm, was Sie stört. Sie sind initiativ geworden, der andere reagiert jetzt auf Grund Ihrer Handlung und nicht umgekehrt. Klar, das braucht mehr Mut, aber das Ergebnis wird besser sein, und Sie fühlen sich besser.

Das gilt auch, wenn Ihnen der „Kopf gewaschen" werden soll. Nehmen wir an, in Ihrer Firma ist irgendetwas nicht so gelaufen, wie es hätte laufen sollen, und Sie erwarten, zu Ihrem Chef zitiert zu werden. Ergreifen Sie auch in dieser Situation die Initiative. Bevor Sie zitiert werden, rufen *Sie* ihren Chef an und bitten um eine Aussprache. Der Chef merkt: Da ist einer mit Rückgrat und Persönlichkeit. Sie stehen einfach besser da.

Stellen Sie sich vor, Sie sind in einer mündlichen Prüfung und sagen als erstes zum Professor: „Würden Sie jetzt bitte Ihre erste Frage stellen?" Spüren Sie, wie das wirkt? Dadurch, dass Sie die Initiative ergreifen, dokumentieren Sie Ihr Selbstbewusstsein. Sie sind jetzt in einer stärkeren Position als vorher.

**Ergreifen Sie in bedrohlichen Gesprächssituationen die Initiative. Ihre Position ist immer günstiger.**

# Tricks für den Fragesteller

Die Schlagfertigkeit in Wortgefechten, Diskussionen und Interviews ist engstens verwoben mit dem klugen Einsatz von Frage und Antwort. Ob Sie schlagfertig wirken oder nicht, entscheiden die Zuschauer und Diskussionsteilnehmer. Es ist nicht entscheidend, ob Sie von einer objektiven Warte aus Recht haben oder ob Sie die besseren Argumente besitzen. Entscheidend ist einzig, wie Sie sich „verkaufen" und wie Sie nach außen wirken.

Es werden Ihnen in diesem Kapitel einige Strategien vorgeführt, die teilweise fies und gemein sind. Aber nur, wenn Sie diese Strategien kennen und durchschauen, haben Sie eine Chance, sich dagegen zu wehren.

## Wer Aufgaben stellt, ist in der besseren Position

Kennen Sie die Geschichte vom Hauptmann von Köpenick? Diese Romanfigur hat im Berlin der Jahrhundertwende einfach eine Hauptmannuniform angezogen und jedem Soldaten und Zivilisten wie selbstverständlich Befehle erteilt. Ohne nachzufragen haben ihm alle gehorcht.

Der Mensch hat die Tendenz, Aufgaben, die ihm gestellt werden, erst einmal erfüllen zu wollen. Machen Sie mal einen Versuch. Wenn ein Tourist Sie bittet, ein Foto von sich und dem Rest seiner Touristengruppe zu machen, dann nehmen Sie seinen Fotoapparat in die Hand und geben der Gruppe erst einmal ein paar Anweisungen: Die Leute sollen enger zusammenrücken, die vorderen sollen in die Hocke gehen, dann sollen alle in eine bestimmte Richtung schauen und sich gegenseitig die Hände auf die Schultern legen. Was vermuten Sie, was passiert? Protest? Aufstand? Die Touristen werden brav Ihre Anweisungen erfüllen. Sie sind jetzt eine Autorität, schlichtweg weil Sie Aufgaben stellen. Und die anderen nehmen ohne weiteres ihre Rolle als Befehlsempfänger ein.

Jetzt fragen Sie sich vielleicht, ob Sie das in der Kommunikation einsetzen können? Sie können.

Stellen Sie einfach im Gespräch Aufgaben. Der andere wird gewillt sein, diese Aufgaben zu erfüllen. Das kann durch eine Frage geschehen oder durch eine klare Aufforderung. Damit haben Sie sich in der Gesprächsführung in eine hierarchisch höhere Position versetzt. Ob Sie hierarchisch wirklich höher stehen oder nicht, spielt dabei keine Rolle.

Nehmen wir an, Sie sitzen in einer Konferenz und werden von jemandem in der Runde mit einer unangenehmen Frage konfrontiert. Dann können Sie sagen: „Sagen Sie mir erst einmal, ob Sie legitimiert sind, mir solche Fragen zu stellen.“ Der andere wird in der Mehrheit der Fälle erst einmal das beantworten. Dadurch haben Sie sich in eine Führungsrolle begeben. Sie steuern ab jetzt mehr als der andere.

Wenn Sie ein Interview geben sollen und sagen vor dem Interview zu dem Journalisten: „Nennen Sie mir bitte drei Gründe, weshalb Ihnen Ihr Beruf Spaß macht“, so wird der Journalist erst einmal versuchen, diese Aufgabe zu erfüllen. Er wird nicht zwei Gründe nennen, er wird nicht einen Grund nennen, nein, er wird genau drei Gründe nennen, weil Sie ihm das so gesagt haben. Indem er antwortet, hat er schon seine Führungsrolle abgegeben. „Nennen Sie mir drei Gründe …“ Das ist übrigens ein erprobtes Mittel, um den anderen in eine Untergebenenrolle zu drängen.

**Geben Sie die Anzahl der gewünschten Antworten vor.**

Einige Beispiele:

- Sagen Sie mir zwei Gründe, warum Sie einen Messebesuch für nötig erachten?
- Nennen Sie mir drei Schwächen, die Sie haben.
- Nennen Sie mir zwei Stärken von Ihnen.
- Welche zwei Aspekte interessieren Sie an diesem Buch?
- Fassen Sie Ihre Ausführungen bitte in einem Satz zusammen.

Eine weitere Möglichkeit, eine derartige Rollenverteilung zu inszenieren, besteht darin, dem anderen eine Aufgabe zum Handeln zu geben. Das muss nicht eine sinnvolle Handlung sein, sondern es kann irgendeine sein. Sie drängen den anderen in eine unbewusste Befehlsempfängerrolle, und das löst Unsicherheit bei ihm aus.

Das geht ganz einfach. Beispielsweise können Sie in einer Sitzung sagen: „Kollege Mayer, wären Sie so nett, das hintere Fenster zu öffnen?" Oder Sie könnten sagen: „Würden Sie sich bitte auf den rechten freien Stuhl setzen?" Er wird es tun, und damit haben Sie auf einer unbewussten Ebene Ihre eigene strategische Position gestärkt. Eine andere mögliche Aufgabe wäre: „Herr Fischer, nehmen Sie bitte aus Ihren Unterlagen die Seiten 18 bis 24 heraus." Ganz gemein wird es, wenn Journalisten während eines Interviews den Interviewten vor laufendem Mikrofon auffordern: „Rücken Sie Ihren Stuhl bitte eine Kleinigkeit nach rechts." In einer Fernsehtalkshow können Sie dem Talkgast sagen: „Bitte nehmen Sie Ihre Hände auf die Seite" oder „Stellen Sie sich bitte auf diese Markierung hier." Jeder Fernsehlaie wird anstandslos solche Forderungen erfüllen.

Das Gegenmittel ist ganz einfach: Verweigern Sie die Aufgabenerfüllung! Sie müssen nur daran denken, dass Sie das dürfen.

Sie müssen Aufgabenstellungen nicht erfüllen, selbst wenn Sie von scheinbaren Autoritäten kommen. Auch nicht in einem Radio- oder Fernsehstudio.

- Nennen Sie mir drei Gründe, weshalb wir auf die Messe sollen!

  ↳ *Ich nenne Ihnen einen Grund, das reicht.*

- Rücken Sie bitte Ihren Stuhl nach rechts!

  ↳ *Danke, ich sitze auch so ganz gut.*

- Definieren Sie mal „Misserfolg"!

  ↳ *Definieren Sie das doch selbst.*

- Fassen Sie das bitte in einem Satz zusammen!

  ↳ *Nein, das muss ich nicht.*

- Warum ist eine Krawatte wichtig im Geschäftsleben?
  ↳ *Eine Krawatte ist nicht wichtig im Geschäftsleben!*

## Die Frage als Waffe

Fragen sind teuflisch. Mit Fragen können Sie wunderbar Angriffe abwehren, mit Fragen können Sie Menschen aufbauen, mit Fragen können Sie Menschen in Bedrängnis bringen, mit Fragen können Sie Unterstellungen machen, mit Fragen können Sie Gespräche steuern, mit Fragen können Sie verkaufen, mit Fragen können Sie Menschen zum Erzählen bewegen … Fragen sind ein mächtiges Instrument.

Warum sind Fragen so wirksam? Wir alle haben in uns einen Antwortreflex aus Schule und Kindheit. Wenn uns jemand eine Frage stellt, antworten wir fast bedingungslos. Das können Sie sich in Diskussionen zunutze machen. Durch den strategischen Einsatz von Fragen steuern Sie Wortgefechte, so können Sie die wahrscheinlichen Antworten voraussagbar machen. Durch Fragen können Sie sich mit einem Schlag von der Verteidigungs- in die Angriffsposition katapultieren. *Sie* lösen bei anderen den Antwortreflex aus. Sich durch Fragen manipulieren zu lassen können Sie allerdings nur dann verhindern, wenn Sie selbst die manipulativen Fragen kennen.

In den nachfolgenden Kapiteln werde ich ausführlich darauf eingehen, wie man fragen kann. Um in Diskussionen, Wortgefechten und Interviews schlagfertig zu wirken, ist es wichtig, diese strategischen Mittel zu kennen und zu wissen, wie man sie einsetzt.

Es gibt verschiedene Fragetypen und mannigfache Mischformen. Wir wollen hier nur die steuernden bzw.

manipulativen Fragen betrachten, das heißt die Fragen, mit denen Sie beeinflussen können, welche Antwort der Befragte gibt.

## Aussagen – als Fragen getarnt

Zum Ende der Bundesligasaison wurde einem Fußballspieler im Fernsehen vom Moderator folgende „Frage“ gestellt: „Die Luft war schon raus. Bayern München stand ja schon vor einer Woche als Meister fest.“ Dann hielt der Moderator dem Spieler einfach das Mikrofon unter die Nase. Ich weiß nicht mehr, was der geantwortet hat, jedenfalls hat er lange geredet, und das, ohne dass ihm eine Frage gestellt wurde. Der Befragte gab eine Antwort – ohne Frage, nur auf Grund einer Aussage. Dies ist ein gängiges Mittel bei Interviews.

Wenn Sie in der Situation eines Reporters sind, der einen Menschen interviewen soll, so ist die beste „offene“ Frage, einfach eine Feststellung zu machen. Dann halten Sie dem anderen das Mikrofon hin. Das ist eine eindeutige Aufforderung: „Sprich jetzt!“ Der Arme muss nun irgendetwas plappern.

Auch ohne Reporter zu sein, können Sie diese Art der Fragestellung wählen.

> Machen Sie eine Aussage,
> und schauen Sie den anderen fragend an.

Mit als Fragen getarnten Aussagen können Sie das Unterbewusstsein des Befragten anzapfen. Schauen Sie folgende „Frage“ an: „Sie sind seit vier Jahren verheiratet.“ Eine Wahnsinnsfrage! Sie lassen damit alles offen. Der Befragte wird auf den Aspekt seiner Ehe eingehen, der ihn derzeit am meisten beschäftigt. Fängt er an, sich zu verteidigen, wissen Sie, was los ist.

Sie können auch eine Aussage machen, die wertend ist. Das ist heimtückischer, weil Sie etwas unterstellen. Das kann positiv oder negativ sein:

- Sie haben viele tolle Mitarbeiter.
- Ab einem gewissen Alter baut man ab, aber man merkt es nicht mehr.
- Sie hatten eine schwere Jugend.
- Ihre Arbeit macht Ihnen Spaß.
- Sie sind Ingenieur, das ist ein interessanter Beruf.
- Sie sind Ingenieur, das sind trockene Typen.
- Alle erfolglosen Schauspieler waren einmal am Koblenzer Theater.
- Sie sammeln Briefmarken. Kein besonders originelles Hobby.

Bei Aussagen, die keine Wertung beinhalten, geht es vor allem darum, den Befragten zum ungezwungenen Sprechen zu bewegen. Er kann im Prinzip erzählen, was er will. Die Interviewsituation gleicht eher einem normalen Gespräch.

- Sie feiern heute doppelt. Deutscher Meister und Geburtstag.
- Michael Schuhmacher muss vor Villeneuve ins Ziel. Dass das geht, haben wir heute gesehen.

- Ein naturwissenschaftliches Studium ist schwierig.
- Ihr Film hat mich an einen Bernard Tapis des 18. Jahrhunderts erinnert. In allem begabt, brillant.
- In einem Interview, das mich beeindruckt hat, sprachen Sie von Gründgens.
- Ich habe den Eindruck, Sie haben ein wahnsinniges Vergnügen dabei empfunden, diese Rolle zu spielen.

Wer noch keine Erfahrungen mit Interviews hat, wird diese Frageart allerdings meist bedrohlicher empfinden als eine konkrete Frage. Der Befragte könnte eigentlich alles Mögliche sagen, aber angesichts des laufenden Mikrofons fällt ihm nichts ein. Wenn ihm dagegen eine echte Frage gestellt wird, kann er locker und freimütig antworten.

**Gegenmittel gegen Aussagen, die als Frage getarnt sind:** Auf einer Frage beharren:

- Ich hab Ihre Frage noch nicht gehört.
- Bitte stellen Sie eine Frage!
- Ja!

## Unterstellungsfragen

Ein mir bekannter Trainerkollege, nennen wir ihn Herr Brand, wollte vor einiger Zeit unbedingt meine Seminarprospekte zugeschickt bekommen. Er traute sich aber aus unerfindlichen Gründen nicht, unter seinem richtigen Namen bei mir anzurufen. Eines Tages bekam ich einen

Anruf von einer Frau Kreienberg, die mich bat, ihr meine Prospekte zuzufaxen. Als ich die Prospekte faxen wollte, meldete sich über den Lokallautsprecher meines Faxgeräts auf der anderen Seite der Anrufbeantworter des Herrn Brand. Verwundert und verärgert zog ich meine Faxe wieder aus dem Schacht.

Einige Tage später rief mich ein mir unbekannter Unternehmensberater an und wollte ebenfalls Prospekte. Ich weiß nicht woher, aber irgendwie spürte ich, dass dies der zweite kaschierte Versuch des Herrn Brand war. Ich fragte den Unternehmensberater nicht, ob er den Herrn Brand kenne, sondern ich fragte: „Wie lange kennen Sie schon den Herrn Brand?" Ich habe meine Vermutung als Voraussetzung mit in die Frage genommen. Die Antwort war prompt: „Etwa drei Jahre. Den kennen aber viele, das will nichts heißen." Damit war das Eigentor geschossen. Er hat sich verteidigt, obwohl es eigentlich nichts zu verteidigen gab.

Der Trick besteht darin, eine Unterstellung bereits mit in die Frage einzuflechten. Sie erfragen nur noch eine Präzisierung. Die Systematik bei Unterstellungsfragen lautet:

Fragen Sie nicht „ob", sondern warum, wann, was, wie viel, woher usw.

Mit Unterstellungsfragen können Sie Positives oder Negatives unterschieben. Durch positive Unterstellungen heben Sie Menschen auf ein höheres Niveau. Zum Beispiel könnten Sie fragen: „Warum macht Ihnen Ihr Beruf so viel Spaß?" Ob dem anderen sein Beruf Spaß macht oder nicht, die Chance ist sehr hoch, dass er die Unterstellung akzeptiert und Ihre Frage brav beantwortet, selbst wenn er seinen Beruf hasst.

Durch negative Unterstellung wird der Befragte erst einmal in die Verteidigungsposition gedrängt. Da fragt ein Arbeitskollege einen anderen: „Schlagen Sie immer noch Ihre Frau?“ Die Aussage ist gemacht. Er fragt nicht, „ob“ er seine Frau schlägt, das wird als Voraussetzung bereits angenommen, sondern er fragt nach einer Präzisierung. „Schlagen Sie sie immer noch?“ Die Aussage steht, ob wahr oder unwahr. Der Befragte hat das Bestreben, sowohl positive als auch negative Unterstellungsfragen aus dem von Ihnen konstruierten Szenario heraus zu beantworten.

Zollbeamte werden offensichtlich während ihrer Ausbildung auch instruiert, Unterstellungsfragen zu stellen. Achten Sie einmal darauf. Sie werden selten gefragt: „Haben Sie was zu verzollen?“, sondern es wird vorausgesetzt, dass Sie etwas zu verzollen haben, und man fragt Sie: „Was haben Sie zu verzollen?“ Von 1000 Leuten, die mit zu deklarierenden Waren über den Zoll fahren und sich sagen „Ich probier’s einfach mal“, wird es bei der Frage „Haben Sie was zu verzollen?“ mehr geben, die „Nein“ sagen, als bei der konkreten Frage: „Was haben Sie zu verzollen?“ Allein durch diese Frageart bekommt der Zoll statistisch mehr Zolleinnahmen.

Unterstellungsfragen können Sie kombinieren mit der Technik, die Anzahl der Antworten vorzugeben. Sie fragen Ihren Gesprächspartner nicht: „Freust du dich auf Florida?“, sondern: „Sag mir drei Gründe, weshalb du dich auf Florida freust.“ Er wird brav drei Gründe nennen. Sie fragen nicht: „Interessiert Sie dieses Buch?“, sondern: „Welche zwei Aspekte interessieren Sie an diesem Buch?“ Die vorgegebene Anzahl der Antworten stellt ein noch engeres Korsett für den Antwortenden dar.

Zwei Beispiele, wie Sie aus „Ob“-Fragen Unterstellungsfragen machen können:

- Würden Sie gerne etwas an Ihrem Verhalten ändern?
  - ↳ *Was würden Sie gerne an Ihrem Verhalten ändern?*
  - ↳ *Weshalb würden Sie gerne etwas an Ihrem Verhalten ändern?*
  - ↳ *Wann wollen Sie beginnen, Ihr Verhalten zu ändern?*
- Sind Sie unbeliebt?
  - ↳ *Warum sind Sie unbeliebt?*
  - ↳ *Was ist das Schlimmste, wenn man so unbeliebt ist?*
  - ↳ *Wann haben Sie das letzte Mal bemerkt, dass Sie unbeliebt sind?*

Nachfolgend sind noch einige Vermutungen, die Sie zur Übung in Unterstellungsfragen umwandeln sollen. Bitte decken Sie wieder die Antworten ab, und versuchen Sie, selbst Antworten zu finden.

- Er ist erfolgreich.
  - ↳ *Welches ist das Geheimnis Ihres Erfolgs?*
- Er hat keine echten Freunde.
  - ↳ *Was ist das für ein Gefühl, keine echten Freunde zu haben?*
- Er ist kompetent für seine Position.
  - ↳ *Woher haben Sie die Kompetenz für Ihre Position?*
- Er unterdrückt die Mitarbeiter.
  - ↳ *Warum unterdrücken Sie Ihre Mitarbeiter?*
- Er hat ein interessantes Hobby.
  - ↳ *Was ist das Besondere an Ihrem Hobby?*
- Er hat Schulden.
  - ↳ *Wie bekommen Sie alle Ihre Schulden geregelt?*

- Er hat Erfolg bei den Frauen.
  ↳ *Was macht Sie so erfolgreich bei Frauen?*

Eine spezielle Art von Unterstellungsfragen wird sehr oft in Verkaufsveranstaltungen oder bei bestimmten Dozenten angewandt, wenn Ergebnisse „erarbeitet" werden sollen. Mit dieser Art Unterstellungsfragen holt sich der Seminarleiter eine vorfabrizierte Antwort ab.

Da fragt der Seminarleiter: „Warum lohnt es sich, so viel Geld für diesen Kurs zu investieren?" Es wird unterstellt, dass es sich lohnt, und alle Teilnehmer begründen es brav und anständig. Einige Beispiele zur Umwandlung von neutralen Fragen in Unterstellungsfragen. Bitte decken Sie die Lösungen zu, und versuchen Sie, eigene zu finden.

- Profitieren die Kursteilnehmer von einem Assistenten?
  ↳ *In welcher Form können die Kursteilnehmer von einem Assistenten profitieren?*
- Haben Sie einen Nutzen, wenn Sie die Assistentenaufgabe übernehmen?
  ↳ *Welches ist für Sie der Hauptnutzen als Assistent?*
- Lässt sich dieses Wissen bei Ihrer täglichen Arbeit anwenden?
  ↳ *Wie lässt sich dieses Wissen bei Ihrer täglichen Arbeit anwenden?*
- Interessiert Sie dieses Buch?
  ↳ *Was interessiert Sie an diesem Buch?*
- Ist eine Krawatte im Geschäftsleben wichtig?
  ↳ *Warum ist eine Krawatte wichtig im Geschäftsleben?*

- Möchten Sie einen Nachtisch?
  ↳ *Was möchten Sie als Nachtisch?*
- Hat diese Methode Vorteile?
  ↳ *Welches sind die Vorteile, wenn man diese Methode anwendet?*

**Gegenmittel gegen Unterstellungsfragen:** Nicht auf die Unterstellung eingehen.

- Was interessiert Sie an diesem Buch?
  ↳ *Dieses Buch interessiert mich nur mäßig.*
- Welches ist für Sie der Hauptnutzen als Assistent?
  ↳ *Ich sehe keinen so großen Nutzen wie Sie.*

**Bei negativen Unterstellungsfragen das Gegenteil begründen:**

- Welche Fehler haben Sie?
  ↳ *Lassen Sie mich zunächst über meine Stärken reden …*
- Was ist während Ihrer Amtszeit schief gelaufen?
  ↳ *Lassen Sie uns darüber reden, was gut gelaufen ist …*

## Aussagen mit Fragen kombinieren

Es ist eine weit verbreitete Unsitte, eine Frage zu stellen und danach weiterzureden und selbst die Antwort zu geben. Beispiel: „Warum sind Sie für Kernkraftwerke? Es ist doch erwiesen, dass die Strahlenbelastung …“ Machen Sie es prinzipiell umgekehrt: erst die Aussage und dann die abschließende Frage.

Nach einem Fragezeichen sollten Sie nichts mehr sagen.

Im oben genannten Beispiel reden Sie also erst von der Strahlenbelastung, und dann kommt die Frage: „Warum sind Sie für Kernkraftwerke?“ Sobald das Fragezeichen in Gedanken ausgesprochen ist, schweigen Sie. Das wirkt viel besser. Sie schaffen eine konstruktivere Stimmung. Sie geben dem anderen das Gefühl, dass Sie wirklich an seiner Antwort interessiert sind und nicht selbst die Antwort bereits besser kennen.

## Feststellungsfragen

Fast alle hier vorgestellten Fragetypen lassen sich mit einer vorausgehenden Aussage kombinieren. Mit dieser Aussage steuern Sie den Befragten in eine bestimmte Richtung. Er geht fast immer auf die hintangestellte Frage ein und akzeptiert dadurch die Feststellung.

Mit einer vorangestellten Feststellung konstruieren Sie ein Szenario, aus dem heraus der Befragte antworten wird. Beispielsweise können Sie die Unterstellungsfrage „Warum ist eine Krawatte wichtig im Geschäftsleben?“ kombinieren mit einer vorausgestellten Aussage. Sie könnten sagen: „Überall in den Chefetagen tragen die Manager Krawatten. Warum ist eine Krawatte wichtig im Geschäftsleben?“ Die vorausgehende Feststellung konstruiert ein Szenario, das in den seltensten Fällen vom Befragten in Frage gestellt wird. Ihre gewünschte Antwort ist Ihnen so gut wie sicher.

Sie können in dem vorhergehenden Beispiel das Szenario auch umdrehen. Sie könnten sagen: „Immer mehr Manager in modernen Unternehmen tragen keine Krawatte mehr. Warum ist es heutzutage nicht unbedingt notwendig, im Geschäftsleben eine Krawatte zu tragen?“ Sie steuern durch die Feststellungsfrage die wahrscheinliche Antwort, die der andere geben wird.

**Eine vorangestellte Aussage konstruiert ein Szenario, das meist unüberprüft bleibt und aus dem heraus der Befragte dann antwortet.**

Sie sind in einem Geschäft, um einen teuren Videorekorder zu kaufen. Sie wollen Skonto bei Barzahlung bekommen. Machen Sie zunächst eine Feststellung, bevor Sie Ihre Frage stellen. Sie können beispielsweise sagen: „In allen anderen Geschäften wurde mir 10 Prozent Skonto angeboten." Das ist das Szenario, das Sie konstruiert haben und das der andere bei seiner Erwiderung berücksichtigen muss. Jetzt schließen Sie sofort die Frage an: „Wie viel Prozent geben Sie?" Der Druck für den Verkäufer, Ihnen einen Rabatt einzuräumen, ist um ein Vielfaches höher geworden, als wenn Sie keine vorhergehende Aussage gemacht hätten.

Sie können irgendetwas Beliebiges feststellen und dann eine Unterstellungsfrage anhängen. Zum Beispiel: „Herr Kaufmann, Sie haben die Arme verschränkt. Warum suchen Sie Distanz?"

Das Prinzip der Feststellungsfrage lässt sich auch wunderbar im Verkauf anwenden. Umberto Saxer, ein Verkaufstrainer aus der Schweiz, hat einen kleinen Sohn, der für einen wohltätigen Zweck an den Haustüren Schokoladenherzen verkaufen sollte. Der Filius fragte immer: „Möchten Sie ein Schokoladenherz kaufen?" Der Erfolg war mäßig. Der Papa gab ihm dann einen Tipp, mit dem der Kleine seinen Umsatz an Schokoladenherzen vervielfachte. Er fragte: „Wir haben Schokoladenherzen im Fünferpack." Das war zunächst die Aussage, die ein Szenario vorgab, dann fügte er die Frage an: „Wie viele Päckchen möchten Sie?" Das war die nachfolgende Unterstellungsfrage.[7] Der Erfolg war fulminant.

Prinzipiell können Sie also Ihre Verkäufe steigern, indem Sie, bevor Sie die Frage stellen, durch eine Feststellung ein Szenario konstruieren. Sie könnten beispielsweise die Feststellung machen: „Die Mindestmenge ist 18" oder: „Üblicherweise werden 12 bestellt" und dann anschließend die Frage stellen: „Wie viele möchten Sie?"

Eine Sonderform der Feststellungsfrage ist die wertende Feststellungsfrage. Sie machen im Aussageteil anstatt einer sachlichen Aussage eine wertende Aussage und hängen eine Frage an. Das Gemeine ist auch hier wieder, dass der Befragte zu 90 Prozent auf die nachfolgende Frage eingeht und dadurch die Feststellung akzeptiert.

„Bis jetzt ist in Ihrem Leben noch nichts Wichtiges passiert. Wie alt sind Sie?" Wenn der Befragte seinem Antwortreflex gehorcht, wird er die negative Aussage unwidersprochen stehen lassen und auf die Frage nach seinem Alter antworten.

Feststellungsfragen können im Aussage- und Frageteil positive und negative Wertungen beinhalten. Folgende Kombinationen sind möglich.

*Positiv-positiv*

- Sie sind ein Typ, der mitten im Leben steht. Welches ist das Geheimnis Ihres Erfolgs?

*Negativ-negativ:*

- Man sieht bei Ihnen, Sie können Menschen nicht einschätzen. Wie kompensieren Sie Ihre mangelnde Menschenkenntnis?

*Positiv-negativ*

- Sie sind ein Erfolgsmensch. Welche Defizite haben Sie?

*Negativ-positiv:*

- Dass Sie sich in dieser Fragestellung nicht auskennen, sieht man. Bei welchem Thema sind Sie Experte?

Die Negativ-positiv-Kombination ist die teuflischste. Sie machen eine negative Aussage und hängen eine positiv belegte Frage an. Die Versuchung, nur auf die verführerisch präsentierte Positiv-Frage einzugehen und damit die Negativ-Aussage zu akzeptieren, ist sehr hoch.[8]

Es folgen einige wertende Aussagen, die Sie bitte zur Übung mit einer anschließenden Frage zu einer Feststellungsfrage machen sollen. Bitte decken Sie den rechten Frageteil ab, und versuchen Sie, selbst Fragen zu finden.

| *Wertende Aussage* | *Anschließende Frage* |
|---|---|
| ▪ Es ist unfair, dass Sie Herrn Braun direkt angreifen. | Achten Sie nie auf die Gefühle anderer Leute? |
| ▪ In Ihrem Alter baut man ja schon ab. | Sind noch viele Leute Ihres Jahrgangs am Leben? |
| ▪ Untersuchungen haben gezeigt, dass Seminarbesucher instabile Menschen sind. | Welches Problem tragen Sie mit sich herum? |
| ▪ In Ihrem Leben ist einiges schief gelaufen. | Was würden Sie gerne ändern? |
| ▪ Sie wollten das, was gesagt wurde, bewusst missverstehen. | Warum? |

| | |
|---|---|
| ■ Sie bevormunden hier alle Leute. | Wollen Sie zurücknehmen, was Sie gerade gesagt haben? |
| ■ Sie unterstellen etwas, ich stelle nur fest. | Kennen Sie den Unterschied? |
| ■ Bis jetzt hat noch niemand gemerkt, dass Sie in Ihrem Beruf nicht gut sind. | Wie machen Sie das? |

**Gegenmittel gegen wertende Feststellungsfragen:** Beziehen Sie sich immer auf den Aussageteil, niemals auf den Frageteil.

- Sie stehlen uns mit Ihren langweiligen Ausführungen nur die Zeit. Haben Sie nicht auch etwas, das alle interessiert?
  ↳ *Man findet schnell etwas langweilig, wenn man es nicht kapiert.*
- Bis jetzt hat noch niemand gemerkt, dass Sie nicht gut sind. Wie machen Sie das?
  ↳ *Nein falsch. Ich bin einer der Besten in meinem Beruf.*

## Motivationsfragen

Eines Tages treffen Sie Ihren Nachbarn vor Ihrem Haus und der fragt Sie: „Herr Kunz, Sie kennen sich doch mit Autos aus. Ich möchte ein neues Auto kaufen. Meinen Sie, man könnte heutzutage einen japanischen Wagen fahren?“ Die Chance, dass Sie jetzt bereitwillig eine Antwort geben, ist sehr hoch. Warum? Sie wurden als Spezialist angesprochen. „Sie kennen sich doch mit Autos aus.“

Ob Sie sich nun mittelmäßig mit Autos auskennen oder praktisch so gut wie gar nicht, spielt keine Rolle. Geschmeichelt werden Sie Ihre gefragte Meinung zum Besten geben.

Menschen reden bereitwilliger, wenn man vorher etwas sagt, worauf sie stolz sein können.

Auch hier bei der Motivationsfrage trifft man vor der eigentlichen Frage eine Feststellung, mit der man den Befragten in ein Szenario hineinkatapultiert. Man macht ihn durch eine Aussage zum Fachmann oder lobt ihn.

Mit der Motivationsfrage stellen Sie ganz allgemein etwas fest, worauf der andere stolz sein kann. Das muss nicht zwingend eine Eigenschaft von ihm sein, sondern das kann seine Familie sein, seine Firma oder sein Land.

Jeder Mensch hat ein ideales Selbstbild von sich. Wenn es Ihnen gelingt, einem anderen dieses Selbstbild zu bestätigen, ist er hilflos Ihren Komplimenten ausgeliefert. Überprüfen Sie das einmal in Ihrem Bekannten- und Verwandtenkreis. Meistens spürt man ja, wie sich ein vertrauter Mensch selbst gerne sieht. Der Gelassene, der einsame geniale Tüftler, der Held aller Frauen, die Sportskanone, der Lebemann, der Bescheidene, der Saubere, der mit den guten Manieren, der bei allen Beliebte, der Kreative, der in der ganzen Stadt Bekannte usw.

Wenn Sie tatsächlich das Selbstbild des Menschen treffen, kann er es nicht als Manipulation erkennen. Er gibt Widerstände gegen Sie auf, selbst wenn er vielleicht ganz tief im Innern befürchtet: „Macht er's vielleicht absichtlich?“ Ihm bleibt trotzdem nur ein wehrloses Lächeln. Das gibt Ihnen Macht.

Zwei Beispiele für Aussagen, die Menschen gerne hören:

- Herr Stöckli ist dafür bekannt, wenn er etwas macht, dann richtig.
- Die Bedeutung der heutigen Sitzung können Sie daran ersehen, dass Herr Wagner persönlich anwesend ist.

Der Effekt ist: Die Beziehung zu Ihrem Gegenüber wird besser, der andere wird bereitwilliger reden, er wird bereitwilliger Ihr Anliegen unterstützen, und er wird Ihnen bereitwilliger einen Gefallen tun.

Nachfolgend einige Situationen, zu denen Sie Motivationsfragen finden sollen. Sie stellen vor die eigentliche Frage eine Aussage, auf die der Befragte stolz sein kann. Halten Sie die Lösungen zu, und finden Sie zunächst eigene.

- Ein Kraftwerkangestellter soll eine Aussage über die Zukunft des Kraftwerks machen.
  ↳ *Sie sind Experte im Energiesektor. Wie beurteilen Sie die weitere Entwicklung?*
- Der Kunde soll für seine Firma die teurere Lösung nehmen.
  ↳ *Ihre Firma hat einen Weltruf in der Branche. Wollen Sie den Ruf durch ein Billig-Image aufs Spiel setzen?*
- Herr Kaufmann, ein Verkäufer, soll verraten, wie er Neukunden gewinnt.
  ↳ *Wenn einer kompetent ist im Verkauf, dann Herr Kaufmann. Wie geht man nach Ihrer Ansicht vor bei der Neukundengewinnung?*
- Ein Schweizer soll ein Produkt seiner Firma nachbessern.

↳ *Sie sind ein Schweizer. Die sind für Präzisionsarbeit bekannt. Können Sie mir das Produkt nachbessern?*

(Tipp: An der nationalen Ehre können Sie jeden packen!)

- Ihr Arbeitskollege soll Geld für eine Spendenaktion geben.
  ↳ *Sie sind als hilfsbereiter Mensch bekannt. Wie viel möchten Sie für diese Aktion spenden?*
- Ein Abteilungsleiter soll Ihnen ein Interview geben.
  ↳ *Ich weiß, Sie sind ein gefragter Mann. Könnten wir uns trotzdem einmal zu einem Interview treffen?*

## Alternativfragen

In einem Hotel bemerkte der Hoteldirektor, dass der Umsatz an Frühstückseiern bei einer seiner Bedienungen sehr gering war. Er bat sie zu sich und fragte nach, wie sie den Gästen die Frühstückseier schmackhaft macht. Sie sagte: „Ich frage regelmäßig: Wollen Sie auch ein Frühstücksei?“ Der Direktor gab ihr darauf folgenden Tipp. „Fragen Sie in Zukunft anders. Fragen Sie: Wollen Sie ein oder zwei Frühstückseier?“ In den nächsten Wochen verdoppelte sich ihr Frühstückseierumsatz. Die Bedienung stellte ganz einfach eine Alternativfrage.

> Sie lassen den anderen zwischen zwei Möglichkeiten aussuchen, die *Sie* vorgeben.

Mit großer Wahrscheinlichkeit wird er eine davon auswählen. Sie haben dem Befragten die Entscheidung im Prinzip bereits abgenommen. Er muss scheinbar nur noch ein Detail bestimmen. Wenn er das Spiel nicht durchschaut, nimmt er mindestens ein Frühstücksei.

Wenn Sie mit Ihrem Partner gerne ins Kino gehen wollen, stellen Sie ihm doch in Zukunft eine Alternativfrage. Fragen Sie nicht: „Kommst du mit mir ins Kino?“, sondern nehmen Sie ihm die prinzipielle Entscheidung ab und fragen: „Möchtest du lieber in die Nachmittags- oder in die Abendvorstellung?“ Die Chance, dass er jetzt dem Kinobesuch zustimmt, ist wesentlich höher geworden.

Bei den Alternativfragen, wie bei allen anderen manipulativen Fragetypen, werden Sie auf keinen Fall in 100 Prozent der Fälle das erwartete Ergebnis bekommen. Aber statistisch erhalten Sie bei der strategischen Anwendung bessere Ergebnisse, als wenn Sie sie nicht anwenden würden. Menschen lassen sich durch die manipulativen Fragen nur dann steuern, wenn es ihnen im Prinzip egal ist, welche Lösung sie wählen. Die Leute werden nur dann darauf eingehen, wenn sie schwankend oder gleichgültig gegenüber dem Frageinhalt sind. Wenn Sie allergisch gegen Frühstückseier sind, werden Sie auch nach einer Alternativfrage kein Frühstücksei bestellen. Wenn Sie an einem Tag das Geschäft Ihres Lebens machen können, werden Sie trotz Alternativfrage nicht ins Kino gehen. Sie werden Gerhard Schröder auch mit einer Alternativfrage nicht dazu bringen, in die CDU einzutreten.

Sie können durch die strategische Platzierung von zwei Alternativen den Verkauf eines Produkts fördern. Wenn Sie fragen: „Möchten Sie lieber das rote oder das blaue Produkt?“, wird sich der Kunde, wenn es ihm im Grunde egal ist, öfter für die zuletzt angebotene Alternative entscheiden. Also platzieren Sie immer die Alternative, die Sie bevorzugen, an die letzte Stelle.

Wie bei allen anderen Fragetypen können Sie auch aus der Alternativfrage eine Feststellungsfrage machen, indem Sie eine Aussage vorschieben. Beispielsweise könnten Sie im Falle des Kinos sagen: „Ich habe bereits Kinokarten reservieren lassen. Möchtest du lieber in die Nachmittags- oder in die Abendvorstellung?“ Die Feststellung konstruiert ein vorgegebenes Szenario, das der Befragte meist als gegeben akzeptiert.

Gute Ergebnisse können Sie auch erzielen, wenn Sie eine positiv wertende Aussage vor eine Alternativfrage setzen. Sie kombinieren quasi eine Motivations- mit einer Alternativfrage. Sie könnten Ihren Hausbesitzer in einer Mieterversammlung beispielsweise fragen: „Sie sind ein Hausbesitzer, auf dessen Versprechen man sich immer verlassen kann. Wird die Hausrenovierung noch in diesem Jahr oder in den ersten Monaten des neuen Jahres durchgeführt?“

Nachfolgend sind einige Prinzipfragen aufgeführt, die Sie zur Übung in Alternativfragen umwandeln sollen. Decken Sie die Lösungen zu, und finden Sie zunächst selbst einige.

- Würden Sie einen Termin mit mir vereinbaren?
  ↳ *Wollen Sie einen Termin am Wochenanfang oder in der Wochenmitte?*
- Wären Sie mit einer Gehaltskürzung einverstanden?
  ↳ *Wollen Sie lieber länger arbeiten oder eine Gehaltskürzung?*
- Streben Sie einen Ministerposten an?
  ↳ *Wollen Sie Finanzminister oder Außenminister werden?*
- Möchten Sie dieses Auto kaufen?
  ↳ *Sollen wir Ihnen das Auto vorbeibringen, oder holen Sie es selbst ab?*

- Haben Sie einen Liebhaber?
  ↳ *Wohnt Ihr Liebhaber außerhalb oder in der Stadt?*
- Möchten Sie die Flugreise buchen?
  ↳ *Soll ich Ihren Platz in der Business- oder in der Economyclass buchen?*

**Gegenmittel gegen Alternativfragen:** Akzeptieren Sie die Alternative nicht.

- Möchten Sie ein oder zwei Frühstückseier?
  ↳ *Nein, ich möchte gar kein Ei.*

## Was-wäre-wenn Fragen

Ein Journalist fragt einen Oppositionspolitiker: „Angenommen, Ihre Partei würde die Wahl in zwei Jahren gewinnen. Für welchen Ministerposten halten Sie sich geeignet?“ Wenn der Politiker nicht aufpasst, steht am nächsten Tag in der Zeitung: „YX strebt wichtigen Ministerposten in neuer Regierung an.“ Der Journalist hat ihn aus einer von ihm konstruierten Vorstellung antworten lassen.

Mit der Was-wäre-wenn-Frage können Sie Stellungnahmen zu einer Situation herausfordern, die so gar nicht existiert. Es werden Szenarien beschrieben, die es so nicht gibt; das kann den anderen veranlassen, Aussagen zu machen, die aus dem Zusammenhang gerissen werden können, Wünsche preiszugeben, die man so nie formuliert hätte. Vor allem Journalisten können dadurch einen Interviewpartner zu ungewollten Aussagen provozieren.

Die folgenschwerste Was-wäre-wenn-Frage, von der ich gehört habe, ist 1993 in den USA gestellt worden. Gary

Gaughers Eltern wurden ermordet. Die Polizei beschuldigte Gary Gaugher selbst des Mordes. Beim Verhör beteuerte er jedoch immer seine Unschuld. Dann wurde ihm aber folgende Frage gestellt. „Angenommen, wenn Sie ihn umgebracht hätten, wie hätte es passieren können?" Gary Gaugher zögerte erst und sagte aber dann: „Ja wenn, dann höchstens in so einer Art geistiger Umnachtung". Diese Aussage war es dann, die der Staatsanwalt als sein Geständnis uminterpretierte und die die Geschworenen dazu bewog, ihn zum Tode zu verurteilen. 1996, drei Jahre später, fasste man die wahren Mörder. Gary Gaugher hatte Glück, er war zu der Zeit noch am Leben.[17]

Nachfolgend einige Beispiele für Aussagen, die durch Was-wäre-wenn-Fragen provoziert werden können. Halten Sie erst einmal die Lösungen zu, und konstruieren Sie selbst einige Fragen.

- Er soll sagen, dass er einen von zwei Kollegen mehr mag.
  ↳ *Was wäre, wenn Herr Kunz und Herr Meyer am Ertrinken wären, Sie könnten aber nur einen retten. Wer von beiden wäre das?*
- Er soll sagen, dass er am liebsten in einer früheren Epoche leben würde.
  ↳ *Angenommen, Sie dürften Ihre Wiedergeburt in ein früheres Jahrhundert legen. Welches wäre das?*
- Er soll sagen, dass er gerne mit zwei Frauen auf einer Insel leben würde.
  ↳ *Wenn Sie zwei Frauen mit auf eine Insel nehmen könnten, aber nicht Ihre eigene Frau. Welche Frauen wären das?*

- Er soll sagen, dass er gerne in einem anderen Land leben würde.
  ↳ *Nehmen wir an, Sie müssten auswandern. Welches Land würden Sie bevorzugen?*
- Er soll sagen, dass bei dem Unfall eine große Gefahr bestand.
  ↳ *Was wäre passiert, wenn die Einsatzkräfte nicht rechtzeitig gekommen wären?*

**Gegenmittel gegen Was-wäre-wenn-Fragen:** Gehen Sie nicht auf das beschriebene Szenario ein.

- Was wäre, wenn die Einsatzkräfte nicht rechtzeitig gekommen wären?
  ↳ *Die Einsatzkräfte sind rechtzeitig gekommen. Die Frage stellt sich so nicht.*

## Doppelfragen

Ein Radiomoderator fragt einen Anrufer, der gerade eine Reise gewonnen hat: „Wen nimmst du mit auf die Reise, warum gerade ihn, und was wollt ihr da unten unternehmen?“ Daraufhin wird der Befragte erst einmal ein paar Worte verlieren müssen. Der Moderator hat ihm drei Fragen hintereinander gestellt. Mit Doppel- oder Mehrfachfragen bringen Sie selbst wortkarge Menschen zu einem längeren Redeschwall. In Diskussionen können Sie durch Doppelfragen Zeit gewinnen, um selbst Ihren nächsten Schritt zu planen.

Am ergiebigsten sind Doppelfragen, wenn man zwei offene Fragen hintereinander stellt. Offene Fragen sind Fragen, durch die der andere zum Erzählen animiert wird.

Z.B.: „Wie kamen Sie zu Ihrem Hobby, und wie steht Ihre Frau dazu?"

Vor Beginn meiner Seminare, wenn die Teilnehmer angespannt dasitzen und niemand miteinander redet, gebe ich zur Auflockerung oftmals folgende Aufgabe weiter: „Stellen Sie sich bitte Ihrem Nachbarn vor, fragen Sie ihn, wo er von dem Seminar erfahren hat, wann er das letzte Mal gerne schlagfertiger reagiert hätte und was er von diesem Seminar erwartet." Mit dieser Mehrfachfrage habe ich erst einmal für jedermann 10 Minuten Gesprächsstoff geschaffen.

**Gegenmittel gegen Doppelfrage:** Nur eine Frage auf einmal beantworten.

„Ich beantworte Ihnen die erste Frage." Wenn Sie damit fertig sind: „Würden Sie bitte Ihre zweite Frage nochmals wiederholen?"

## Suggestivfragen

Bitte versuchen Sie, sich einmal in die Situation eines Seminarteilnehmers zu versetzen, der vom Dozenten gefragt wird: „Sie sind ja wohl nicht ins Seminar gekommen, um über Dinge zu reden, über die Sie immer reden?" Können Sie den Druck nachempfinden, dieser Aussage zustimmen zu wollen? Dies ist eine Suggestivfrage. Der Frager bestimmt, welche Antwort er hören will.

Er könnte auch anders gefragt haben: „Sie sind ja wohl ins Seminar gekommen, um hier Dinge zu besprechen, die Sie auch sonst immer beschäftigen?" Nun hat er genau die gegenteilige Aussage gemacht. Der innere Druck, ihm zuzustimmen, ist der gleiche.

Es ist immer wieder faszinierend, zu beobachten, wie Leute durch diese Frageart zu beeinflussen sind. Sie suggerieren dem anderen, welche Antwort „man" gibt. In der Unterbotschaft teilen Sie mit: „Wenn du anderer Meinung bist, stehst du mutterseelenallein mit deiner Ansicht."

Sie haben mehrere Möglichkeiten, eine Suggestivfrage zu formulieren: Sie können den Satz anfangen mit: „Finden Sie nicht auch …" oder: „Sie sind mit mir doch einer Meinung …"

- Sie sind mit mir doch einer Meinung, dass Verkehrsübertretungen geahndet werden müssen?
- Finden Sie nicht auch, dass Arbeitslose unterstützt werden sollen?

Sie können auch einen Satz mit „wohl" oder „etwa" formulieren:

- Sind Sie etwa gegen die Gurtpflicht?
- Sie werden mir doch wohl nicht meinen reservierten Sitzplatz wegnehmen wollen?

Bei Suggestivfragen fühlt sich der Befragte mehr verpflichtet, Ihrer Frage zuzustimmen, als eine eigene Antwort zu begründen. Bei Suggestivfragen erwarten Sie immer ein Ja oder ein Nein zur Antwort.

Es ist auch möglich, die Antwort des Befragten durch Körpersignale zu beeinflussen, z. B. durch Kopfnicken oder Kopfschütteln. Wenn Sie fragen: „Kommen Sie mit?" und nicken dabei zustimmend mit dem Kopf, so haben Sie den anderen bereits suggestiv beeinflusst. Die Antwort wird statistisch häufiger zustimmend ausfallen, als wenn Sie nichts signalisieren.

Nachfolgend noch einige Beispiele von Aufforderungen, die Sie in Suggestivfragen umwandeln sollen. Halten Sie die Fragen zu, und versuchen Sie es erst einmal selbst.

- Er soll anderen ein Mal zuhören.
  ↳ *Finden Sie nicht auch, Sie sollten anderen auch ein Mal zuhören?*
- Er soll seine Rede nicht ablesen.
  ↳ *Sie werden ihre Rede doch nicht ablesen wollen?*
- Er soll beim Essen nicht rauchen.
  ↳ *Sie werden doch wohl beim Essen nicht rauchen wollen?*
- Er soll seinen Hund an der Leine führen.
  ↳ *Sind Sie nicht auch der Meinung, dass Hunde an der Leine geführt werden sollten?*
- Er soll nichts gegen Ausländer haben.
  ↳ *Haben Sie etwa was gegen Ausländer?*

**Gegenmittel gegen Suggestivfragen:** bewusst seine eigene Meinung vertreten.

- Sie sind doch wohl nicht etwa gegen die Todesstrafe?
  ↳ *Doch, das bin ich!*

## Definitionsfragen

Sie sind Marketingleiter und nehmen an einer Sitzung teil. Halb abwesend folgen Sie den langatmigen Ausführungen eines Kollegen. Plötzlich spricht Sie der Sitzungsleiter an und sagt: „Sie als Marketingleiter, was verstehen Sie unter Gewinnmaximierung?“

Durch eine Definitionsfrage bringen Sie den Befragten meist in eine bedrohliche Situation. Wir benutzen unsere Muttersprache, ohne nachzudenken. Kaum ein Wort, das nicht doppelt und dreifach interpretiert werden könnte. Gesprochene Sprache gehorcht einem Automatismus. Weil wir uns praktisch nie Gedanken über die Worte machen, die wir benutzen, sind wir meist etwas hilflos, wenn uns jemand plötzlich auffordert, einen Begriff zu definieren. Das nutzen wir aus. Wir lassen die anderen etwas definieren.

Das muss nicht einmal in eine Frage gekleidet sein, sondern kann eine klare Aufforderung sein: „Herr Mayer, definieren Sie bitte mal betrügen." Die Mehrheit der Menschen wird eine Aufgabe erfüllen, sobald sie ihnen gestellt wird. Versuchen Sie einmal, die Folgsamkeit von Verkäufern zu testen, indem Sie sie auffordern: „Nennen Sie mir mindestens zwei Nachteile, die Ihr Produkt hat."

Folgende Situation: Jemand greift Sie an: „Bis jetzt haben Sie noch nie Erfolg gehabt." Sie erwidern: „Was verstehen Sie bitte unter Erfolg?" Sie sind der bedrohlichen Situation erst einmal ausgewichen. Hier wurde die Definitionsfrage als Rückfrage eingesetzt.

**Gegenmittel gegen Definitionsfragen:** Lassen *Sie* ihn definieren.

- Was verstehen Sie unter betrügen?
  ↳ *Was verstehen Sie denn darunter?*

## Das Wichtigste auf einen Blick

- Warten Sie nicht, bis der andere das Wort ergreift. Sprechen Sie zuerst.
- Ergreifen Sie in bedrohlichen Gesprächssituationen die Initiative. Ihre Position ist immer günstiger.
- Wer Aufgaben stellt, ist in der besseren Position.
- Geben Sie die Anzahl der gewünschten Antworten vor.
- Machen Sie statt einer Frage eine Aussage, und schauen Sie den anderen fragend an.
- Unterstellen Sie etwas indem Sie eine Vermutung als Voraussetzung mit in die Frage nehmen und nur noch ein Detail nachfragen.
- Nach einem Fragezeichen sollten Sie nichts mehr sagen.
- Eine einer Frage vorangestellte Aussage konstruiert ein Szenario, das meist unüberprüft bleibt und aus dem heraus der Befragte dann antwortet.
- Menschen reden bereitwilliger, wenn man vorher etwas sagt, worauf sie stolz sein können.
- Nehmen Sie dem Befragten die Entscheidung im Prinzip bereits ab und lassen Sie den anderen nur noch zwischen zwei Alternativen aussuchen.
- Konstruieren Sie ein Szenario, aus dem heraus Sie den anderen eine Frage beantworten lassen. Mit dem Was-wäre-wenn-Fragen können Sie Stellungnahmen zu einer Situation herausfordern, die in dieser Form gar nicht existiert.
- Mit Doppel- oder Mehrfachfragen bringen Sie selbst wortkarge Menschen zu einem längeren Redeschwall und gewinnen Zeit, um selbst Ihren nächsten Schritt zu planen.

- Beginnen Sie Ihre Frage mit: „Finden Sie nicht auch“ oder: „Sie sind mit mir doch einer Meinung“ um die wahrscheinliche Antwort in Ihrem Sinne sicher zu bekommen.
- Lassen Sie den anderen irgendeinen Begriff aus seinen Ausführungen definieren. Durch eine Definitionsfrage bringen Sie den Befragten meist in eine bedrohliche Situation.
- Wenn Sie einen zusätzlichen Gedanken während Ihrer Ausführungen haben, so sprechen Sie ihn nicht aus. Dies verhindert Langatmigkeit.

## Tricks für den Antwortenden

Es kommt häufig vor, dass Menschen in Diskussionen und Verhandlungen während des Redens all ihre spontanen Gedanken, die ihnen beim Sprechen kommen, noch mit in ihre Ausführungen einflechten. Das trägt allerdings nicht dazu bei, dass die Zuhörer sie besser verstehen. Fazit der Zuhörer: „Der kommt nicht auf den Punkt.“

> Wenn Sie einen zusätzlichen Gedanken während Ihrer Ausführungen haben, so sprechen Sie ihn nicht aus. Lassen Sie ihn weg.

Sagen Sie nur das, was Sie vorhatten zu sagen. Wenn Sie alle Ihre spontanen Einfälle in Ihre Rede einflechten, wirkt Ihre Argumentation für die Zuhörer unzusammenhängend, langatmig und ziellos.

## Die Antwort in Form einer Rückfrage (17)

Rolf Ruhleder beschreibt in seinem Buch *Rhetorik, Kinesik, Dialektik* das Fernsehinterview eines Politikers, der gerade eine Landtagswahl verloren hat:

| | |
|---|---|
| Reporter: | Könnte das eine Führungsdiskussion auslösen? |
| Politiker: | Was für'n Ding? |
| Reporter: | Führungsdiskussion! |
| Politiker: | Was verstehen Sie darunter? |
| Reporter: | Ein Wechsel in der Führung! |
| Politiker: | Ist ein Führungsmitglied an Sie herangetreten? |
| Reporter: | Nein! |
| Politiker: | Oder sind Sie ein Mitglied meiner Partei? |
| Reporter: | Nein! |
| Politiker: | Na, Sehen Sie! |

Der Reporter hat eine bedrohliche Frage gestellt, und der Politiker hat mit permanentem Rückfragen die Rollen von Frager und Befragtem vollkommen vertauscht.

Die Rückfrage ist ein gigantisches Instrument. Damit können Sie bei 80 Prozent aller unangenehmen Fragen oder Vorwürfe dem Angreifer erst einmal die Speerspitze brechen. In meinen Seminaren sind die Teilnehmer immer wieder überrascht, wie einfach mit diesem Instrument die Rolle von Angreifer und Verteidiger umgedreht werden kann.

Da sagt Ihnen Ihr Chef: „Sie haben Geld aus der Kasse genommen!" Egal ob Sie's getan haben oder nicht, hören Sie sich an, wie folgende Antwort die Situation entschärft: „Wie viel Geld fehlt Ihnen denn?“ Jetzt ist der Chef wieder dran, Sie sind weg von der Angeklagtenrolle und haben Zeit, sich Ihren nächsten Schritt zu überlegen.

Die Gegenfrage verblüfft, gibt Zeit zum Nachdenken und vertauscht die Rollen. Durch die Gegenfrage gehen Sie in die Offensive. Der perplexe Angreifer ist erst einmal in die Defensive gedrängt, und er muss sich eine Antwort überlegen.

Wenn Sie sich durch eine Frage oder einen Vorwurf bedroht fühlen, fragen Sie den anderen irgendetwas.

Weil auch der andere dem Antwortreflex unterliegt, wird er brav auf Ihre Frage eingehen.

In der Nachmittags-Talkshow *Arabella* wurde ein junger Mann vorgestellt, den man engagieren kann, damit er nackt zu Hause die Wohnung putzt. Er kam zu Beginn der Sendung halb nackt über eine Show-Treppe ins Studio. Eine Zuschauerin meldete sich: „Ich finde das überhaupt nicht erotisch, wie du da nackt die Treppe heruntergekommen bist.“ Er antwortete: „Was findest du denn erotisch?“ Damit war er aus der Schusslinie, die Zuschauerin war in der Verteidigungsrolle. Die Rückfrage brachte ihn aus der bedrohlichen Situation.

Um eine Rückfrage zu formulieren, gibt es verschiedene Systematiken.

**Nachfragen, was fehlt, damit der Vorwurf kein Vorwurf mehr ist:** Was fehlt, damit …?

Diese Rückfragemethode ist sehr wirksam, einfach, universell einsetzbar, klingt geistreich und entlastet Sie wirklich.

- Das glaub ich nicht.
  ↳ *Was brauchen Sie, damit's für Sie glaubhaft wird?*
- Was bringt das alles überhaupt?
  ↳ *Wie müsste eine Sache aussehen, die etwas bringt?*

Um schnell eine Rückfrage nach dieser Methode zu finden, prägen Sie sich folgende Satzschablone ein:

1. „Was fehlt …" oder „Was müsste sein …",
2. damit der Vorwurf nicht mehr zutrifft. (Gegenteil des Vorwurfs formulieren)

Sie sind mit einem Schlag aus der Schusslinie, und der Angreifer liefert sogar noch potentielle Argumente für Ihre Verteidigung.

Hier noch drei Beispiele:

- Weshalb ist Ihre Ausbildung so mangelhaft?
  ↳ *Wie sollte Ihrer Meinung nach eine gute Ausbildung aussehen?*
- Warum unterdrücken Sie Ihre Mitarbeiter?
  ↳ *Was müsste anders sein, damit Sie den Eindruck bekommen, dass ich sie nicht unterdrücke?*
- Sie sind doof.
  ↳ *Was müsste ich tun, damit Sie mich nicht mehr als doof einschätzen?*

**Sie können nach Details fragen:** Was genau …, wann genau …[9]

- Sie haben Geld aus der Kasse genommen!
  ↳ *Wie viel Geld fehlt Ihnen?*

- Sie wollen diese Aufgabe nicht lösen!
  ↳ *Von welcher speziellen Aufgabe sprechen Sie denn?*

**Sie können den anderen etwas definieren lassen:** Was verstehen Sie unter …, Definieren Sie mir mal …, Was heißt für Sie …[9]

- Warum betrügen Sie Ihre Kunden?
  ↳ *Was verstehen Sie denn unter „betrügen“?*
- Ihre Partei lässt zu, dass die Ausländer überhand nehmen!
  ↳ *Definieren Sie doch mal, was ist ein Ausländer?*

**Sie können die Frage auf ihn umgemünzt zurückgeben:** Wie lösen Sie's denn …?[9]

- Herr Hübner, wie bekommen Sie das mit Ihren Schulden geregelt?
  ↳ *Wie schaffen Sie's denn?*
- Wann haben Sie Ihr letztes Buch gelesen?
  ↳ *Wann haben Sie denn Ihr letztes gelesen?*

**Sie können zwischen zwei Alternativen präzisieren lassen:** Meinen Sie dies oder jenes?[9]

- Man hört nur Beschwerden über Sie!
  ↳ *Meinen Sie beruflich oder privat?*
- Sie haben unsere Kunden falsch beraten!
  ↳ *Sprechen Sie von der Beratung vor dem Verkauf oder nach dem Verkauf?*

Es lohnt sich wirklich, die Rückfrage als Reaktionsmethode zu trainieren. Sie gehört zu den effektivsten und einfachsten Methoden der Schlagfertigkeit. Probieren Sie es ruhig einmal in Ihrem Freundes- und Familienkreis aus, Sie werden überrascht sein.

Nachfolgend sind einige Vorwürfe aufgelistet, die Sie bitte zur Übung mit einer Rückfrage kontern sollen. Halten Sie die Lösungen zu, und finden Sie zunächst eigene Lösungen.

- Ihre Zahlen stimmen nicht.
  ↳ *Von welchen Zahlen sprechen Sie?*
- Was machen Sie da?
  ↳ *Was denken Sie denn, dass ich hier mache?*
- Warum ist der Bericht noch nicht fertig?
  ↳ *Warum fragen Sie?*
- Ihre Fragestellung gefällt mir nicht.
  ↳ *Meinen Sie die Form oder den Inhalt?*
- Können Sie das nicht deutlicher sagen?
  ↳ *Sag ich Ihnen gerne, was wollen Sie denn wissen?*
- Sind Sie überhaupt qualifiziert für den Job?
  ↳ *Was verstehen Sie unter „qualifiziert"?*
- Bleiben Sie doch mal sachlich.
  ↳ *Erklären Sie mir bitte, was Sie unter „sachlich" verstehen.*
- Ihre Antworten gefallen mir nicht.
  ↳ *Leiden Sie darunter?*
- Sind Sie blöd oder beschränkt?
  ↳ *Was wäre Ihnen lieber?*

- Wo liegen die Gründe dafür, dass Sie die Wahl verloren haben?
  ↳ *Welche Gründe würden Sie denn finden?*
- Was würden Sie tun, wenn Ihnen gekündigt würde?
  ↳ *Können Sie mir einen Tipp geben?*

Es gibt einen universiellen Verstärker für jede schlagfertige Antwort:

> Fügen Sie an jede schlagfertige Antwort den Namen des Angreifers an.

Schauen wir uns noch einmal das letzte Beispiel an. „Was würden Sie tun, wenn Ihnen gekündigt würde?“ Die Antwort: „Können Sie mir einen Tipp geben, Herr Kaiser?“ Mit dem genüsslich betonten „Herr Kaiser“ dokumentieren Sie ein großes Selbstwertgefühl und setzten sich psychologisch noch ein Stück weit mehr ins recht. Diese Namensregel gilt nicht nur für die Rückfrage, sondern für alle Methoden der Schlagfertigkeit.

Nun noch 12 Standardrückfragen, die auf fast jeden Vorwurf passen. Jeder sollte Rückfragestandards im Repertoire haben. Tragen Sie wenigstens eine Standardrückfrage auf Seite 221 ein.

**Standards:**

Wenn eine Frage gestellt wurde:

- *Können Sie mir einen Tipp geben?*
- *Was genau wollen Sie wissen?*
- *Was würden Sie dazu sagen?*
- *Warum fragen Sie?*

Universelle Rückfragestandards

- *Woher haben Sie Ihre Informationen?*
- *Können Sie das präzisieren?*
- *Meinen Sie wirklich, was Sie da sagen?*
- *Leiden Sie darunter?*
- *Spielt das hier eine Rolle?*
- *Worauf wollen Sie hinaus?*
- *Haben Sie Probleme damit?*
- *Wie bitte?*

## Wie bitte?

Die letzte Rückfrage ist eine der einfachsten und wirksamsten. Sie tun so, als ob Sie die Frage nicht verstanden hätten. Rolf Ruhleder nennt das in seinem Buch *Rhetorik, Kinesik, Dialektik* die Methode „Hörfehler".

Jemand fragt Sie: „Warum sind Sie immer unpünktlich?" und Sie antworten: „Wie bitte? Ich hab's akustisch nicht verstanden?" Der andere sagt's nochmal. Und dann könnten Sie theoretisch wieder sagen: „Entschuldigung, könnten Sie's nochmal wiederholen?" Sie haben Zeit gewonnen, der andere ist entnervt. Genauso wie bei einem Witz die Pointe verliert auch ein Vorwurf die Schärfe, wenn man ihn wiederholen muss. Keiner vermutet bei dieser Vorgehensweise übrigens einen Bluff. Niemand kommt drauf, dass Sie das absichtlich machen. Der Angreifer wird anständig seinen Vorwurf wiederholen.

Nachfolgend eine Standardrückfrage, die Sie ruckartig aus egal welcher bedrohlichen Situation katapultiert. Für die besondere Wirkung ist dabei eine entsprechende Lautstärke wichtig.

**Standard:**

- *Wissen Sie überhaupt, wer ich bin?*

Durch diese Gegenfrage kippen Sie unmittelbar das Rollenmuster. Denn jeder zögert in dem Moment, ob die Beantwortung dieser Frage nicht doch eine Bedeutung für ihn haben könnte.

Es gibt noch zwei herrlich absurde Standardrückfragen, die frecher sind und den Angreifer mehr verwirren.

**Standards:**

- *Woher haben Sie diese Wandersage?*
- *Können Sie das auch in der Vergangenheit formulieren?*

**Mittel gegen die Rückfrage:** Bestehen Sie auf Ihrer ursprünglichen Frage.

- Ist sie nun empfehlenswert oder nicht?
- Meine Frage lautete: Haben Sie die Wähler angelogen?
- Antworten Sie auf meine Frage!

## Die Antwort in Form einer Feststellungsfrage (18)

Es gibt ein sehr wirksames Mittel, um den Angreifer mit einer Antwort noch stärker in die Defensive zu drängen.

Fügen Sie an Ihre Erwiderung noch eine Frage an.

Machen Sie aus Ihrer Erwiderung quasi eine Feststellungsfrage. Beispiel: Jemand sagt zu Ihnen: „Was Sie da erklären, das versteht doch keiner!“ Geben Sie zunächst eine klare, unmissverständliche Richtigstellung: „Die anderen verstehen’s sehr wohl.“ Und jetzt fügen Sie unmittelbar eine Frage an: „Warum haben Sie Probleme damit?“

Wichtig ist, zwischen der Aussage und der anschließenden Frage möglichst keine Pause zu machen. Ihre Erwiderung soll klar Ihre Position darstellen. Die anschließende Frage kann eine Unterstellung enthalten, das löst beim Angreifer den Antwortreflex aus, und damit bleibt Ihre vorherige Feststellung unwidersprochen. Der Spieß ist komplett umgedreht.

Nachfolgend sind einige Vorwürfe aufgelistet, die Sie zur Übung entkräften sollen. Treffen Sie zunächst eine klare, kurze Richtigstellung, dann hängen Sie unmittelbar eine Frage an. Decken Sie die Lösungen zu, und versuchen Sie es erst einmal selbst.

- Haben Sie meine Frage nicht verstanden?
  ↳ *Sehr wohl. Warum haben Sie meine Antwort nicht verstanden?*
- Das interessiert doch niemand.
  ↳ *Das sehen Sie so, objektiv ist es anders. Haben Sie nicht richtig zugehört?*
- Wie ich sehe, läuft in Ihrer Firma einiges schief.
  ↳ *Nein, da täuschen Sie sich! Warum missverstehen Sie absichtlich meine Aussagen?*
- Einige Mitarbeiter werfen Ihnen Unglaubwürdigkeit vor.
  ↳ *Sie haben nicht richtig nachgeforscht. Warum?*

- In der Praxis klappt das niemals.
  ↳ *Natürlich klappt es. Wieso können Sie den Bezug zur Praxis nicht herstellen?*

Es gibt zwei Standardantworten, die auf fast jeden Vorwurf passen. Falls Ihnen eine dieser Antworten gefällt, übernehmen Sie sie in das Repertoire Ihrer fünf Standardantworten auf Seite 221, und lernen Sie sie auswendig.

**Standards:**

- *Das ist Ihre Meinung. Leiden Sie darunter?*
- *Nein, falsch. Warum wollen Sie mich bewusst falsch verstehen?*

## Antworten – und dann wegschauen

Wenn Sie in einer Fragerunde Rede und Antwort stehen müssen, dann wenden Sie Ihren Blick vom Fragesteller ab, sobald Sie die Frage beantwortet haben. Wenn Sie dies nicht tun, fordern Sie den Fragesteller quasi auf, weitere Fragen zu stellen. Ein kritischer Fragesteller kann Sie in Bedrängnis bringen, wenn Sie ihm gestatten, ein Zwiegespräch mit Ihnen zu führen. Mit dem wegschweifenden Blick hingegen entziehen Sie ihm quasi das Wort. Nonverbal drücken Sie aus: „Der nächste bitte …" Der Energieaufwand für ihn, sich wieder Ihren Blick zu erkämpfen, ist ziemlich hoch.

Während die Frage gestellt wird und Sie die Frage beantworten, schauen Sie den Fragesteller mit festem Blick an. Das gibt Ihrer Antwort Kraft und Nachdruck. Sobald die Frage beantwortet ist, schauen Sie in eine andere Richtung.

## Die Zukunft wird's lösen (19)

Fredmund Malik, Inhaber des renommierten Management Zentrums St. Gallen, wurde in einem Interview des schweizerischen Nachrichtenmagazins *Facts*[10] vorgehalten, er habe einen Zusammenbruch der amerikanischen Börse im Jahr 1997 vorausgesagt, und nun stünde der Index Anfang 1998 so hoch wie niemals zuvor. Malik zieht sich folgendermaßen aus der Affäre. Facts: „Der Einbruch fand letztes Jahr nicht statt. Ihre Prognose war falsch." Malik: „Nur im Timing. Im nächsten Jahr werden wir massive Kurseinbrüche hinnehmen müssen."

Einem Vorwurf können Sie immer den Wind aus den Segeln nehmen, indem Sie auf eine bessere Lösung in der Zukunft verweisen. Ob Ihre Prognose wirklich eintrifft oder nicht, kann der Frager in dem Moment nicht überprüfen. Damit hat er keine weitere Handhabe mehr, auf dem Vorwurf herumzureiten.

Uli Höness, Manager bei Bayern München, befolgte bei einem Interview in der Sendung *Ran*[11] dieselbe Strategie. Moderator: „Sie sind ja als scharfer Hund bekannt. Diplomatie ist wohl nicht Ihre Sache." Höness: „Das sind alles Beispiele von 1997. Im neuen Jahr wird aber alles anders."

> Gehen Sie nicht auf den Vorwurf an sich ein, sondern stellen Sie konkretes Handeln in der Zukunft in Aussicht.

Einige weitere Beispiele:

- Sie sind nicht vorbereitet!
  ↳ *Nächste Woche bin ich's.*

- Haben Sie die Unterlagen nicht dabei?
  ↳ *Ich lege sie Ihnen morgen in die Post.*
- Warum haben Sie das noch nicht erledigt?
  ↳ *Morgen haben Sie das Ergebnis.*

## Fragen ausweichen (20)

Robert Hue, Parteifunktionär der französischen Kommunisten, wurde während eines Live-Interviews in den französischen Abendnachrichten folgende Frage gestellt:

- Sind Sie für oder gegen eine Abdankung des Parteivorsitzenden Georges Marchais?
  ↳ *Georges Marchais ist vollständig einverstanden mit meinen Vorschlägen. Er ist auch einverstanden mit der Notwendigkeit einer Erneuerung der Partei. Mit einer neuen Generation von Männern und Frauen in der Parteiführung. Wir wollen sogar noch weitergehen mit den Änderungen … bla, bla, bla.*

Ob Georges Marchais abdanken soll oder nicht, wurde nicht mitgeteilt.

Was Sie hier sehen, ist eine Antwortmethode, die sich vor allem bei Politikern einer großen Beliebtheit erfreut. Sie wollen die Frage nicht beantworten und geben eine Antwort, die mit der gestellten Frage nur entfernt etwas zu tun hat. Sie weichen der Frage aus, nehmen sie nur als Anlass, um irgendetwas Positives über sich oder ihre Partei zu sagen, und reden dann in einem längeren Wortschwall zu irgendeinem selbstgestellten Thema. Acht von 10 Journalisten geben sich mit so einer Antwort zufrieden. Das können nicht nur Politiker, das können auch Sie.

Wenn Sie auf eine Frage nicht antworten wollen, gehen Sie in drei Schritten vor:

1. Nehmen Sie irgendein Stichwort aus der Frage. Machen Sie dazu eine beliebige Aussage.
2. Sprechen Sie ohne Pause weiter.
3. Überschütten Sie den Frager mit artverwandten Aussagen, die alle im positiven Grundton gehalten sind.

Wichtig ist, dass Sie kontinuierlich weiterreden und damit dem Fragenden die Möglichkeit verbauen, einzuhaken. Am Ende wird er sich kaum die Mühe machen, auf seine Ursprungsfrage noch einmal zurückzukommen.

Frage eines Journalisten an Arnold Schwarzenegger, als er ein *Planet Hollywood*-Restaurant in München und anderntags eines in Zürich eröffnet hatte:[12]

- Machen Sie das gerne?
  ➪ *Ich denke nicht auf diese Weise. Wir hatten eine revolutionäre Idee: Wir stellen Filmrequisiten, die sonst in Lagerhallen verstauben, in unseren Restaurants auf der ganzen Welt aus. Die Amerikaner sind ja etwas engstirnig. Die kennen in Europa nur London, Paris und Berlin. Wir aber kommen in alle großen Städte.*

Verstanden?

Bisweilen schule ich auch Politiker. Wenn mir ein Journalist die unangenehme Frage stellen würde, ob ich einen Politiker, der bei mir geschult wird, auch wählen würde, könnte auch ich die Taktik der ausweichenden Antwort einschlagen.

- Würden Sie Herrn Kaiser, den Sie schulen, auch wählen?

  ↬ *Herr Kaiser will seine Fähigkeit verbessern, bei Interviews und Diskussionen gut auszusehen. Die politische Ausrichtung ist dabei völlig egal. Ich habe ein Know-how, das ich den Menschen vermittle, ich gebe ihnen Instrumente in die Hand, mit denen sie sich in einem guten Licht darstellen können. Was sie mit diesen Instrumenten machen und wo sie sie einsetzen, bleibt ihnen überlassen, das ist nicht mehr meine Aufgabe.*

Kaum ein Journalist würde da noch eine Frage nachschieben.

Noch einmal: Nehmen Sie aus der Frage irgendein Stichwort auf, machen dazu eine Aussage und reden dann zu einem anderen Thema weiter.

Nun einige Fragen, die Sie zur Übung mit einer ausweichenden Antwort beantworten sollen. Versuchen Sie es einmal, ohne die Lösungen anzuschauen.

- Welche Änderungen enthält der neue Gesetzentwurf?

  ↬ *In unserer Partei werden Änderungen von Gesetzentwürfen sehr gewissenhaft überprüft, um dem Wählerwillen gerecht zu werden. Wir wollen zu einer gerechten Lösung für die Menschen in unserem Land kommen. Dazu haben wir die Möglichkeiten geprüft. Für Deutschland ist es notwendig, dass nationale Interessen im Einklang mit unseren europäischen Nachbarn durchgesetzt werden. Nur so werden wir die Zukunft sichern …*[13]

- Können Sie sich vorstellen, den Ministerposten zu übernehmen?

  ↬ *Im Moment stellt sich nicht die Frage nach Ministerposten. Wir müssen zunächst einmal die Staatsfinan-*

*zen ordnen, die Partei wieder zu einer Partei der Mitte machen und den Bürgern in diesem Land wieder eine Hoffnung auf die Zukunft geben …*

- Wie ist das Gefühl, das entscheidende Match verloren zu haben?
  ↳ *Wir haben uns für dieses Match gewissenhaft vorbereitet. Wir sind auf einem Spielniveau, wo jeder mit uns in Zukunft als Meisteranwärter rechnen muss. Zu unserer Mannschaft gehören die spielstärksten Kämpfer der Bundesliga …*
- Welche Fehler wurden während Ihrer Regierungszeit gemacht?
  ↳ *Lassen Sie uns zunächst darüber reden, was sich während meiner Regierungszeit alles verbessert hat. Wir haben 120 neue Betriebe ansiedeln können, die Neuverschuldung konnte um drei Prozent verringert werden …*

Nachfolgend vier Standard-Einleitungssätze, mit denen Sie eine Antwort auf fast jede unangenehme Frage beginnen können. Danach können Sie dann beliebig fortfahren.

**Standards:**

- *So können Sie die Frage nicht stellen. Die Frage müsste lauten …*
- *Die Frage stellt sich so nicht …*
- *Ich denke nicht auf diese Weise …*
- *Lassen Sie mich zunächst über XY reden …*

**Gegenmittel gegen ausweichende Antworten:** Bestehen Sie auf Ihrer Frage.

- Der Zusammenhang mit meiner ursprünglichen Frage ist mir noch nicht klar, ich fragte …
- Vielleicht haben Sie meine Frage nicht richtig verstanden. Meine Frage lautete …
- Was hat Ihre Antwort mit meiner Frage zu tun?[14]

## Kompetenz anzweifeln (21)

Während einer Diskussion kommt plötzlich der Zwischenruf: „Ich kenn das aber anders!“ Sie geben zur Antwort: „Um das beurteilen zu können, braucht man eine gewisse Qualifikation“ und fahren in Ihren Ausführungen fort.

Die Strategie dahinter lautet:

> Wenn Ihnen jemand an den Kopf wirft, dass Sie mit Ihren Aussagen danebenliegen, geben Sie direkt oder durch die Blume zu verstehen, dass er das mit seiner Vorbildung gar nicht beurteilen kann.[15]

Dieses Antwortmuster gehört in die Kategorie Gegenangriff.

Nachfolgend einige Zwischenrufe, zu denen Sie eine Antwort geben sollen, die die Kompetenz des Gegners bezweifelt. Halten Sie die Antworten zu, und versuchen Sie, selbst einige zu finden.

- Mit so einer schwachen Präsentation hätten Sie keine Baukommission überzeugen können!

  ↳ *Als Nicht-Architekt kann man so etwas wohl kaum beurteilen.*

- Das versteh' ich nicht.
  ↬ *Glaub ich Ihnen. Ich konnte es auch nicht verstehen, bis ich mich intensiv damit beschäftigt habe.*
- In der Praxis klappt das niemals.
  ↬ *Für Nicht-Fachleute ist das nicht sofort einsehbar ...*
- Ihre Zahlen stimmen nicht.
  ↬ *Für Laien mögen sie tatsächlich nicht auf Anhieb nachvollziehbar sein ...*
- Sie haben die Widerstände in der Bevölkerung nicht bedacht.
  ↬ *Um die Situation realistisch einzuschätzen, braucht man eine gewisse Erfahrung ...*
- Die Zusatzkosten werden explodieren.
  ↬ *Die Frage mag für den Laien interessant sein, für den Praktiker jedoch ...*
- Sie haben sich getäuscht!
  ↬ *Um das beurteilen zu können, braucht man eine gewisse Kompetenz ...*

## Das übergeordnete Ziel (22)

Pfarrer Sieber, bekanntester Pfarrer der Schweiz, ehemaliger Parlamentsabgeordneter und selbstloser Kämpfer für die Verbesserung der Lage der Drogenabhängigen, kam vor einigen Jahren in eine bedrohliche Situation. Er hatte eine Stiftung ins Leben gerufen, die die Aufgabe hatte, die Drogenabhängigen von der Straße zu holen und ihnen Wohnmöglichkeiten zu verschaffen. Pfarrer Siebers Schwiegersohn hatte in dieser Stiftung das Finanzressort unter sich. Eines Tages kam ans Tageslicht, dass sein Schwiegersohn Riesensummen Geld veruntreut hatte. Pfarrer Sieber war unter Druck. In jener Zeit sah ich ihn in einer Talkshow bei einem Zürcher Lokal-TV. Alle Vorwürfe konterte er im Prinzip mit der immer gleichen Aussage, jeweils geschickt anders formuliert: „Meine Aufgabe ist es, sich um die Schwächsten zu sorgen. Ich habe jemanden gehabt, der sich um die Finanzen kümmerte. Ich hatte volles Vertrauen in ihn. Ich mache das, was ich am besten kann: Das ist, den Bedürftigen vor Ort zu helfen.“ Er ist nie konkret auf die Detailfragen eingegangen. Er kam immer wieder auf seine übergeordnete Aufgabe zurück. Damit war er im Detail unangreifbar.

Dies ist eine sehr wirksame Strategie, um bei bedrohlichen Fragen gut auszusehen.

Lassen Sie sich nicht auf die Details des Fragestellers ein. Sprechen Sie von einem vorrangigen Ziel.

Vermeiden Sie dabei, die negative Formulierung des Fragestellers aufzunehmen. Wenn Sie gefragt werden: „Warum haben Sie beim Untersuchungsausschuss gelogen?“, so nehmen Sie das Negativwort „lügen“ nicht mit in Ihre Antwort auf. Geben Sie direkt ein übergeordnetes Ziel an. Beispielsweise: „Ich habe unbeteiligte Personen geschützt.“

Beim letzten Fernsehduell zwischen den beiden Präsidentschaftskandidaten Bill Clinton und Bob Dole vor der Präsidentenwahl Ende Oktober 1996 griff der Herausforderer Bob Dole den Präsidenten an: „Viele Amerikaner haben den Glauben an Ihre Regierung verloren, sie sehen dort täglich neue Skandale.“ Bill Clinton, von seinen Wahlkampfstrategen präpariert, ließ sich nicht auf die Attacke ein, sondern brachte die Debatte auf ein höheres

Niveau. Er erwiderte: „Gegenseitige Attacken bringen nichts. Sie schaffen keine neuen Jobs. Sie erziehen keine Kinder. Sie lösen keine Probleme." Genial geantwortet. Er hat den Angriff ganz einfach abgeschmettert, indem er die wichtigsten nationalen Ziele ansprach.

Im Juni 1997 hatte Deutschlands Finanzhaushalt ein unvorhergesehenes zusätzliches 19-Milliarden-DM-Loch. Damit drohte Deutschland 1999 das Aus für den Euro. Als man Bundeskanzler Helmut Kohl befragte, wie man den Finanzschlamassel überwinden wolle, liftete er das Problem ebenfalls auf ein sehr hohes Niveau, indem er antwortete: „Für den Standort Europa ist die Einheitswährung eine Grundvoraussetzung für Friede und Freiheit." Wie kann man sich nach solch einer Antwort noch über eine Bagatelle wie ein 19-Milliarden-DM-Loch aufregen!?

Fragen Sie sich bei einer unangenehmen Frage: Welches übergeordnete Fernziel verfolgen wir? Und das formulieren Sie dann als Antwort. Dahinter steckt der Grundgedanke: „Wir haben ein edles höheres Anliegen. Wie können Sie sich nur mit solchen Kleinigkeiten aufhalten?"

Jede Handlung hat ein übergeordnetes Ziel. Und dieses Ziel formulieren Sie. Damit werden die Details des Vorwurfs unwesentlich.

Versuchen Sie nun, den folgenden Angriffen mit der Formulierung eines übergeordneten Ziels den Wind aus den Segeln zu nehmen. Decken Sie die Antworten zu, und finden Sie zunächst einmal selbst Antworten

- Die Umstrukturierung bringt nur mehr Arbeit.
  ↳ *Ich kann Sie verstehen, Ihr Argument ist wichtig; noch wichtiger ist, dass wir konkurrenzfähig bleiben.*

- Ihr Budget für die Werbekampagne ist überzogen.
  ↳ *Mit dieser Werbekampagne können wir die Welt erobern.*
- Warum haben Sie den Kunden denn keinen Kaffee angeboten?
  ↳ *Es geht nicht darum, Kunden Kaffee anzubieten, es geht darum, neue Kunden zu gewinnen.*
- Haben Sie den Brief noch nicht abgetippt?
  ↳ *Ich habe ein Telefonat mit einem Kunden geführt und dafür gesorgt, dass der Ruf unserer Firma nicht Schaden nimmt.*
- Wollen Sie etwa Ihren Vortrag vor unseren Kunden in Jeans halten?
  ↳ *Wenn ich mich wohl fühle, fühlt sich mein Publikum auch wohl.*
- Die Folien waren fertig – Sie sollten doch daran nichts mehr ändern!
  ↳ *Die Qualität des Vortrags ist wesentlich verbessert worden.*
- Warum fährst du so weit rechts?
  ↳ *Ich bringe dich absolut sicher nach Hause.*

**Standards:**

- *Das Angesprochene ist wichtig, aber noch wichtiger ist …*
- *Nicht dieses Detail ist wichtig, sondern das übergeordnete Ziel ….*
- *Wichtiger als diese Sichtweise/Frage ist …*
- *Meinen Sie, dadurch würde eine bessere Welt geschaffen?*

## Unterstellungen im Ansatz kippen

Überall da, wo Sie in einer Diskussion, bei einem Interview oder einer Sitzung Zuschauer haben, können Sie die Öffentlichkeitswirkung höher einstufen, als die Inhaltsebene. Von all dem, was Sie öffentlich reden bleibt den Zuschauern inhaltlich magere 7 Prozent, wohingegen von Ihrer allgemeinen Wirkung 30 Prozent bleiben. Das ist mehr als viermal so viel. Die Zuschauer wissen nicht mehr im Detail, was Sie gesagt haben, ihnen bleibt nur ein diffuser Eindruck: „Er war irgendwie gut“ oder eben „Er hat sich irgendwie nicht gut verkauft“. Auch wenn Sie objektiv die besseren Argumente besitzen, bekommen Sie dafür leider keinen Blumentopf verliehen.

Wenn Sie daher in einer Diskussion mit einer Unterstellung konfrontiert werden, dürfen Sie in Ihre Bravheitsschablone aus der guten Kinderstube getrost vergessen:

> Sobald Sie eine Aussage hören, bei der eine Unterstellung mitschwingt, unterbrechen Sie unmittelbar und stellen Sie sie kategorisch richtig.

Wenn ein Diskussionsteilnehmer beispielsweise ausführt: „Es ist doch offensichtlich, dass niemand mit Ihnen kooperieren will. Wir haben im letzten Jahr beobachtet …“. So unterbrechen Sie ihn an dieser Stelle und korrigieren Sie die negative Aussage: „Sie liegen falsch mit Ihrer Einschätzung. Wir können uns sogar aussuchen, mit wem wir kooperieren wollen“.

Das Urteil der Zuschauenden richtet sich nach dem, was in deren Bauch ausgelöst wurde. Bei Unterstellungen gibt es immer einen schwarzen Fleck auf der weißen Weste. Wenn Sie den Fleck behandeln, wenn er noch frisch ist, bekommen Sie Ihn eher weg, als wenn Sie brav warten bis er schon eingetrocknet ist.

Hier noch einige Beispiele:

- Der Druck an der Basis wächst. Es wäre an der Zeit zurückzutreten, weil es …
  ↳ *Den Druck, von dem Sie sprechen, gibt es nur in Ihrem Kopf. Es gibt keinen Grund, zurückzutreten!*
- Die Gesundheitsreform ist nicht sauber durchgerechnet. Es wird wieder mal auf Kosten der …
  ↳ *Falsch, unsere Zahlen stehen auf Beton!*
- Die Markteinführung Ihres Produkts war ein voller Schlag ins Wasser. Niemand hat sich bisher …
  ↳ *Nein, das Produkt ist dabei ein Renner zu werden!*

## Es geht nicht darum …, sondern … (23)

Bei der Fusion zweier deutscher Großkonzerne, wurde einem der Manager von einem Fernsehreporter folgende Frage gestellt: „Sie müssen sich die Führung mit einem anderen teilen. Ist das Ihre Wunschlösung?“ Er konterte: „Es geht nicht um Wunschlösungen, es geht um die beste Kompromisslösung, und die haben wir gefunden.“

Sie können viele Fragen umschiffen, indem Sie mit dieser Pauschalformulierung kontern: „Es geht nicht darum …, sondern …“

Sie stellen damit die Fragestellung in Frage und wiesen auf ein übergeordnetes Ziel oder einen wichtigeren Aspekt hin. Danach ist es ratsam Ihren geschilderten Ansatz als erfolgreich zu kommentieren.

- Die Gewinne letztes Jahr sind zusammengebrochen. Die Börsenkurse bewegen sich seit langem waagrecht. Wie wollen Sie das den Aktionären erklären?
  ↳ *Es geht nicht darum kurzfristige Aktiengewinne zu erzielen, sondern darum, mit neuen Produkten die Firma langfristig auf für den Herausforderungen im nächsten Jahrtausend vorzubereiten. Und hierin sind wir führend in unserer Branche.*
- Warum haben Sie Ihre Kunden nicht schon früher informiert?
  ↳ *Für eine Firma geht es nicht darum, Kunden zu informieren, sondern Marktanteile auszubauen. Und das haben wir getan.*
- Wird das jetzt personelle Konsequenzen haben?
  ↳ *Es geht jetzt nicht um Personalentscheidungen, sondern um Schadensbegrenzung. Und da haben wir unsere Hausaufgaben gemacht.*

## Darüber reden, wie man miteinander redet (24)

Stellen Sie sich vor, Sie werden während einer Sitzung von einem Kollegen mit scharfem Unterton attackiert: „Ach Frau Huber, das ist wieder mal einer Ihrer völlig undurchdachten Vorschläge. Man hat den Eindruck, Sie haben die ganze Sitzung nicht zugehört".

Gegen so einen Sitzungsquerschläger könnten Sie inhaltlich reagieren, indem Sie beispielsweise Anschuldigungen kategorisch zurückweisen (25): „Lieber Herr Kaiser, Ihr Eindruck ist natürlich falsch. Ich *habe* zugehört und mein Vorschlag ist sehr wohl durchdacht." Oder aber Sie wählen eine Methode, bei der Sie sich keine Gedanken machen müssen, mit was Sie da gerade bombardiert worden sind: Sie gehen überhaupt nicht auf den Inhalt ein, sondern machen nur zum Thema, wie man im Moment miteinander redet. Sie könnten etwa erwidern: „Unsachliche Bemerkungen bringen uns nicht weiter. Wir alle wollen zügig zu einem Ergebnis kommen. Ich würde Sie bitten, im Sinne einer effektiven Sitzung, sich erst dann zu melden, wenn Sie den Ton gefunden haben, den wir hier gewohnt sind. Danke“. Die Strategie dahinter lässt sich wie folgt beschreiben:

Gehen Sie nicht inhaltlich auf den Angriff ein.
Analysieren und bewerten Sie die Art seines Angriffs.

Das ist genial. Indem Sie den anderen wegen seiner unsachlichen Art zurechtweisen, stehen Sie, bei egal welcher Attacke, immer als Winner da. Karsten Bredemeier hat diese Methode in seinem empfehlenswerten Buch „Nie wieder sprachlos“ übrigens „Ausweichen auf die Meta-Ebene“ genannt. Verstärkend können Sie den Angreifer wie im obigen Beispiel, in der Gruppe isolieren: „… wir alle wollen zügig zu einem Ende kommen“. Sie exponieren ihn damit zum Verursacher einer schleppenden Sitzung.

Kombinieren Sie also diese zwei Elemente zu einer wirksamen Methode:

1. beschreiben Sie die Art des Angriffs und bewerten ihn negativ,
2. isolieren Sie den Angreifer in der Gruppe als Schuldigen für eine uneffektive Sitzung.

Jede beliebige Kombination der beiden unten aufgeführten Elemente ergeben Standards, die fast auf jeden Sitzungsquerschläger einen wirksamen Dämpfer geben.

**Standards:**

1. Art des Angriffs bewerten
   - Dieser Stil ist nicht der Stil, den wir hier gewohnt sind.
   - Würden Sie bitte sachlich bleiben, wie alle anderen.
   - Ich möchte Sie bitten den Ton zu finden, der unserer Kultur entspricht.
   - Es entspricht nicht unserem Niveau, so polemische Äußerungen zu machen.
2. Angreifer als Schuldigen isolieren
   - Wir kommen inhaltlich so zu keinem Ergebnis.
   - Es ist im Sinne aller hier, dass wir zügig unsere Themen abhandeln.
   - Wir alle wünschen uns eine effiziente Sitzung. Wir haben wichtigere Themen.
   - Mit dieser Art verhindern Sie, dass wir hier weiterkommen.

## Das Wichtigste auf einen Blick

- Antworttechnik (17): Wenn Sie sich durch eine Frage oder einen Vorwurf bedroht fühlen, fragen Sie den anderen irgend etwas. Die Rückfrage verblüfft, gibt Zeit zum Nachdenken und vertauscht die Rollen.
- Es gibt einen universellen Verstärker für jede schlagfertige Antwort: Fügen Sie an jede schlagfertige Antwort den Namen des Angreifers an.

- Antworttechnik (18): Machen Sie als Erwiderung eine klare unmissverständliche Aussage und fügen Sie dahinter noch eine Frage an. Das bringt den anderen in den Antwortrefelex.
- Wenn Sie in einer Fragerunde Rede und Antwort stehen müssen, dann wenden Sie Ihren Blick vom Fragesteller ab, sobald Sie die Frage beantwortet haben.
- Antworttechnik (19): Gehen Sie nicht auf den Vorwurf an sich ein, sondern stellen Sie konkretes Handeln in der Zukunft in Aussicht.
- Antworttechnik (20): Weichen Sie unangenehmen Fragen aus, indem Sie zu irgendeinem Stichwort aus der Frage eine beliebige Aussage machen und dann ohne Pause den Frager mit artverwandten Aussagen überschütten, die alle im positiven Grundton gehalten sind.
- Antworttechnik (21): Wenn Ihnen jemand an den Kopf wirft, dass Sie mit ihren Aussagen daneben liegen, geben Sie direkt oder durch die Blume zu verstehen, dass er das mit seiner Vorbildung gar nicht beurteilen kann.
- Antworttechnik (22): Lassen Sie sich nicht auf die Details des Fragestellers ein. Sprechen Sie von einem vorrangigen Ziel.
- Sobald Sie eine Aussage hören, bei der eine Unterstellung mitschwingt, unterbrechen Sie unmittelbar und stellen Sie sie kategorisch richtig.
- Antworttechnik (23): Sie können viele Fragen umschiffen, indem Sie mit dieser Pauschalformulierung kontern: „Es geht nicht darum …, sondern …“.
- Antworttechnik (24): Gehen Sie nicht inhaltlich auf den Angriff ein. Analysieren und bewerten Sie die Art des Angriffs.

# 4. Teil: Selbstbehauptung

Meine Nichte Michaela arbeitete in einem Designer-Möbelgeschäft, wo ihre Aufgabe unter anderem darin bestand, Bestandslisten in einen Computer einzugeben. Michaela musste hin und wieder ihren Chef fragen, wie das Programm im Detail zu bedienen war. Die Antworten des Chefs transportierten im Unterton meistens die Botschaft: „Mein Gott, ist die denn total beschränkt, das hab ich ihr doch schon 1000-mal erklärt." Michaela hörte den gereizten Tonfall, spürte Druck und empfand Geringschätzung vonseiten des Chefs. Wenn sie am Abend nach Hause ging, dann war sie in ihrer Erinnerung den ganzen Tag praktisch nur zurechtgewiesen worden. Versagensangst stellte sich ein, und sie machte natürlich noch mehr Fehler. Versagensangst und Druck lähmen einen Menschen. Die Lage wurde unerträglich für Michaela. Sie fasste einen Entschluss.

Eines Tages, als sie wieder eine Frage stellte und er, wie gewohnt, gereizt reagierte, brach es aus ihr heraus: „Ich bin weder eine 15-jährige Rotzgöre noch Ihr Lehrling. Selbst wenn ich manches noch nicht perfekt mache, ist das noch lange kein Grund, mit mir in dieser Art und Weise umzugehen. Ich verbitte mir die Art. Es gibt zwei Möglichkeiten: Entweder wir kommen gut und respektvoll miteinander aus – oder wir lassen's."

Der Chef fiel aus allen Wolken, denn ihm war nicht bewusst, wie er nach außen wirkte, und er entschuldigte sich bei meiner Nichte. Er schlug nie wieder diesen Ton an.

Was hat Michaela gemacht? Sie ist aufgestanden und hat ihre Position vertreten. Wer ist dafür verantwortlich, wenn Sie etwas stört und Sie unter dem Verhalten eines anderen leiden? Sie! *Sie* müssen dem anderen Ihre Grenzen aufzeigen. *Sie* müssen ihm sagen: So weit und nicht weiter. *Sie* müssen ihm sagen, was Sie stört. Es ist eine Illusion, zu glauben, das müsste der andere doch selbst merken, wie weh er Ihnen tut.

Wenn Sie unter dem Verhalten eines anderen Menschen leiden, ist es allein Ihre Aufgabe, aufzustehen und Ihr Anliegen zu artikulieren.

Wenn Sie derjenige sind, der immer Überstunden macht, weil Ihr Arbeitskollege ständig gute Vorwände bringt, heute wieder mal früher gehen zu müssen, dann liegt es nicht am anderen, endlich einmal einzusehen, dass Sie darunter leiden, sondern es ist Ihre Aufgabe, endlich einmal Ihre Position bekannt zu geben.

Wenn Sie eine Frau sind und nicht möchten, dass die Hand Ihres Chefs zu lange auf Ihrer Schulter liegt, dann ist es Ihre Aufgabe, ihm zu sagen, dass Ihnen das unangenehm ist.

Wenn in Ihrer Firma das Klima unerträglich wird, dann können Sie in einer Aussprache auch mit Ihrem Weggang drohen. Ich höre jetzt schon Ihren Aufschrei: Uuuunmöglich, in der heutigen Zeit kann man das nicht mehr machen. Dann steht man auf der Straße, und einen neuen Job kriegt man nie mehr.

Lassen Sie mich zwei Dinge dazu sagen. Erstens: Die Reaktion ihres Chefs wird zu 99 Prozent nicht so ausfallen, wie Sie befürchten. (Wir sind geneigt, die schwärzesten Gedanken in den Köpfen anderer Leute zu denken.) Personen, die ihre eigene Sache vertreten, ernten mehr Respekt als Personen, die versuchen, es allen recht zu machen, und um Himmels Willen nicht auffallen wollen. Und zweitens finden Sie immer einen neuen Job.

Ich höre hier den zweiten Aufschrei: Bei der Rezession, bei der Arbeitslosigkeit, ich bin schon zu alt, mir fehlen die Abschlüsse, es gibt keinen Arbeitgeber in der Nähe, so viele in meinem Beruf sind schon arbeitslos, der Markt ist überschwemmt mit Leuten meiner Qualifikation …

Überlegen Sie Folgendes: Es gibt ca. sechs Milliarden Menschen auf der Erde. Darunter gibt es mindestens einen Menschen, der genauso alt ist wie Sie oder sogar noch älter, der in einer Gegend wohnt, wo es genauso viel oder noch mehr Arbeitslose gibt, und der dieselbe oder eine noch geringere Schulbildung hat als Sie – und dieser Mensch *hat einen neuen Job* gefunden. Solche Menschen gibt es immer. Denn es gilt für alle Bereiche des Lebens:

**Es gibt immer Menschen, die tun mit Erfolg genau das, wovon Sie sagen, dass es unmöglich wäre.**

Immer! Nennen Sie mir einen vernünftigen Grund, warum *Sie* nicht derjenige sein sollen? Die Frage ist nur: Wollen Sie es sein, oder wollen Sie weiterhin zur grauen Masse gehören? Die Entscheidung liegt bei Ihnen.

Wenn Sie Ihre Position gegenüber demjenigen bekannt geben, der Sie leiden macht, und mit der Kündigung drohen, können Sie gar nicht verlieren. Wie waren nochmal die Worte meiner Nichte: „Entweder wir kommen gut und respektvoll miteinander aus oder wir lassen's." Entweder der Chef anerkennt Ihr Anliegen und versucht sein Verhalten zu ändern, oder er sagt: „Dann gehen Sie halt", was er in 99 Prozent der Fälle nicht tun wird, und selbst dann ist der Ausgang ebenfalls gut. Denn dann war es höchste Zeit, diese Firma zu verlassen. Endlich trifft jemand die Entscheidung für Sie, die Sie längst schon selbst hätten fällen müssen. Bei einem Chef, der so reagiert, war die Basis schon seit langem faul, und jede Minute, die Sie dort länger bleiben, ist verlorene Zeit für Sie.

## Aufstehen, wenn sich jemand im Ton vergreift

Angenommen, Sie leiden unter dem ausfälligen Ton eines Mitarbeiters oder des Chefs. Versuchen Sie es einmal mit folgender Wunderstrategie.

*Sie stehen auf,* schauen ihm in die Augen, gehen vielleicht sogar noch einen Schritt auf ihn zu und sagen ganz ruhig:

„So lasse ich nicht mit mir reden, kommen Sie wieder, wenn Sie einen normalen Ton gefunden haben. Danke!" Dann setzen Sie sich wieder hin oder verlassen den Raum.

Was ist passiert? Sie stehen auf. Ihr Chef erwartet das nicht von Ihnen und ist erst einmal perplex. Gleichzeitig stehen Sie auch innerlich auf. Körpersprachlich drücken Sie aus: „Hier ist meine Position. So weit und nicht weiter." Das, was Ihr Körper macht, beeinflusst wiederum Ihr Selbstbewusstsein. Sie fühlen sich viel stärker. Sie sind nicht mehr der Untergebene, sondern Gleicher unter Gleichen. „Kommen Sie wieder, wenn Sie einen normalen Ton gefunden haben. Danke!"

Und dann wenden Sie sich noch ab. Das müssen Sie nicht tun, das können Sie aber. Damit haben Sie die Möglichkeit, die Kommunikation abzubrechen. Wenn Sie jemanden nicht mehr anschauen oder weggehen, hat er eine riesige Hürde zu überwinden, um etwas zu erwidern. Das ist nicht die feine Art, aber in diesem Fall geht es für Sie darum, dass Sie nicht mehr leiden und eindringlich Ihre Position klarstellen.

## Das Zauberwort „Danke"

Das letzte Wort im oben genannten Beispiel lautete „Danke". Als letztes Wort in einem Aufforderungssatz signalisiert es das eindeutige Ende der Kommunikation von Ihrer Seite. Es ist ein Zauberwort, das zwar höflich klingt, aber in dem Zusammenhang bedeutet: „Für mich ist alles gesagt."

> Mit einem „Danke" am Ende eines klaren Aussagesatzes bestimmen Sie das Ende des Gesprächs.

Das lässt sich in verschiedenen Situationen einsetzen.

Nehmen wir an, Sie sind als Frau allein in einer Kneipe und werden von einem Mann angesprochen. Sie fühlen sich aber nicht danach, auf ihn einzugehen. Dann sagen Sie höflich, aber bestimmt: „Ich hab den ganzen Tag geredet. Ich bin hierher gekommen, in Ruhe mein Bier zu trinken. Danke!"

Das „Danke" signalisiert: „Sie brauchen jetzt nichts mehr zu erwidern. Für mich ist die Sache abgeschlossen." Die Energie, die der andere jetzt aufwenden muss, um noch einmal ins Gespräch zu kommen, ist sehr hoch. Mit dieser Methode ist es nicht ausgeschlossen, aber die Wahrscheinlichkeit sinkt enorm, dass er noch einmal einen Versuch startet. Sagen Sie es freundlich, aber sagen Sie es. Je ruhiger und besonnener Ihre Stimme klingt, desto größer ist die Wirkung.

- Wenn ein Mitglied einer Sekte Sie auf der Straße anspricht, können Sie sagen:
  ↳ *Ich wünsche keine religiösen Gespräche, Danke!*
- Wenn der Chef sich im Ton vergreift, sagen Sie:
  ↳ *Kommen Sie wieder, wenn Sie den richtigen Ton gefunden haben. Danke!*
- Wenn Sie eine Frau sind und der Chef lässt seine Hand zu lange auf Ihrer Schulter, können Sie sagen:
  ↳ *Ich möchte, dass Sie das lassen. Ich fühle mich unwohl dabei. Danke!*
- Wenn alle sich vor einem Eingang drängen und Sie für Ordnung sorgen müssen:
  ↳ *Bitte stellen Sie sich alle in einer Reihe hintereinander. Danke!*

So können Sie auch als Chef Anweisungen geben. Sie strahlen eine viel natürlichere Autorität aus, wenn Sie klare Anweisungen geben, als wenn Sie sich bei jeder Aufgabenstellung halb selbst entschuldigen.

Überprüfen Sie, wie die beiden nachfolgenden Aufforderungen klingen.

- Franz, würde es dir eventuell was ausmachen, in den Keller zu gehen und die Akten vom letzten Jahr hochzuholen?

Jetzt überlegt sich Franz, ob es ihm nicht doch was ausmachen könnte. Sie haben ihn ja darauf gebracht. Die andere Möglichkeit:

- Franz, gehst du bitte in den Keller und holst die Akten vom letzten Jahr? Danke!

Jetzt spürt auch Franz, dass Sie genau wissen, was Sie wollen.

Mit einem abschließenden „Danke" betrachten Sie Ihre Aufforderung als bereits erfüllt. Sie geben bekannt: „Für mich ist alles gesagt. Ich erwarte nicht mehr, dass Sie etwas erwidern." Es ist eine verstärkende Methode, um Ihre Position eindeutig bekannt zu geben.

## Anschuldigungen kategorisch zurückweisen (25)

Wenn man Ihnen einen Vorwurf macht, so verteidigen und rechtfertigen Sie sich nicht. Überlegen Sie auch nicht, ob ein Körnchen Wahrheit dahinter steckt, sondern weisen Sie kategorisch die Anschuldigung zurück.

**Sagen Sie die Zauberworte: „Nein, falsch …“**

Sie weisen dadurch den Angreifer klar in seine Schranken und bewerten gleichzeitig seinen Angriff, indem Sie ihn unmissverständlich als „falsch“ beurteilen. Das ist schon ein kleiner versteckter Gegenangriff.

Mit diesen zwei Worten dokumentieren Sie Ihre Position und verhindern, in die übliche Rechtfertigungsschablone zu verfallen. „Nein, falsch“ bedeutet das klare Abschmettern jeglichen Vorwurfs. Dazu einige Beispiele. Decken Sie die Antworten ab, und versuchen Sie es erst einmal selbst.

- Was haben Sie für Fehler?
  ↳ *Nein, falsch, ich habe keine Fehler …*
- Was wollten Sie eigentlich sagen mit Ihrem Vortrag? Das kam nicht durch.
  ↳ *Nein, falsch, das kam sehr wohl durch.*
- Sie spielen doch nur was vor.
  ↳ *Nein, falsch, ich spiele nicht!*
- Schlagen Sie immer noch Ihre Frau?
  ↳ *Nein, falsch, ich schlage meine Frau nicht.*
- Sie haben die Unterlagen verschlampt!
  ↳ *Nein, falsch, suchen Sie noch einmal richtig.*

Anstelle von „Nein, falsch“ können Sie auch sagen: „Sie täuschen sich …“ Dies sind auch die beiden Standardantworten, die auf fast jeden Vorwurf passen.

**Standards:**

- *Nein, falsch!*
- *Sie täuschen sich!*

## „Warum"-Fragen nie mit „weil" beantworten

Bitte lesen Sie die beiden nachfolgenden Antworten, und entscheiden Sie, welche davon ein größeres Selbstwertgefühl ausdrückt.

- Warum sind Sie nicht verheiratet?
  ➯ *Weil die Heirat die Liebe tötet.*
  ➯ *Heirat tötet die Liebe!*

Der eine Satz wird mit einem „Weil" eingeleitet, der andere nicht. Das „Weil" klingt nach Rechtfertigung und Verteidigung. Das „Weil" können Sie immer ersatzlos streichen. Wenn Ihnen jemand eine vorwurfsvolle Warum-Frage stellt, geben Sie eine knappe, klare Antwort ohne „weil", damit machen Sie eine Aussage, anstatt sich zu rechtfertigen.

Beantworten Sie die nachfolgenden Fragen, ohne das „Weil" zu benutzen. Decken Sie die Antworten zu, und versuchen Sie, eigene zu finden.

- Warum sind Sie nicht mit dem Bus gekommen wie alle anderen?
  ➯ *Ich liebe es, alleine im Auto zu fahren.*

- Warum haben Sie das noch nicht erledigt?
  ↳ *Ich hatte Wichtigeres zu tun. Morgen haben Sie's.*
- Warum haben Sie sich nicht gemeldet?
  ↳ *Das Telefon hatte eine Panne!*
- Warum haben Sie Ihre Uniform nicht an?
  ↳ *Natürliche Autorität braucht keine Uniform!*

## Vorwürfe entkräften durch Zustimmung (26)

In der Nachmittags-Fernsehtalkshow *Arabella* wurde das Thema „Baden oben ohne“ behandelt. Ein älterer Herr war als Studiogast geladen. Er wurde von der Moderatorin zu seiner Meinung befragt, und er gab zu, dass es ihm gefallen würde, die nackten Mädchen am Strand anzuschauen. Darauf meldete sich ein jüngerer männlicher Zuschauer zu Wort und sagte: „Sie gehören genau zu der Sorte alter Knacker, die heimlich in Pornos gehen und sich dort aufgeilen.“ Sichtbar verletzt, sprachlos und mit offenem Mund stand der Mann vor den Fernsehkameras.

Wie hätte er in dieser Situation reagieren können? Er hätte erwidern können: „Gaaanz genau. Sie haben vollkommen Recht! Sie etwa nicht?“, und er hätte die Lacher auf seiner Seite gehabt bzw. den Angreifer in die Enge getrieben.

Ein Vorwurf hat nur dann zerstörende Kraft für Sie, wenn Sie die Werteordnung des anderen annehmen und etwas als schlecht akzeptieren, das der andere als schlecht definiert. Wenn Sie sich weigern, Pornos schlimm zu finden, sind Sie unangreifbar geworden.

**Stehen Sie unerwarteterweise zu dem, was man Ihnen vorwirft. Schämen Sie sich nicht für etwas, wofür es nichts zu schämen gibt.**

Dies können Sie auf Vorwürfe oder Beleidigungen in beliebig vielen Bereichen übertragen:

Wenn Sie schwer hören. Wenn Sie ein Mann sind und Männer lieben. Wenn Sie eine Frau sind und Frauen lieben. Wenn Sie ein Kind haben, das behindert ist. Wenn Sie alt sind. Wenn Sie von kleiner Körpergröße sind. Wenn Sie eine Frau sind und sich gerne mit unterschiedlichen Männern amüsieren. Wenn Sie gerne Pornos anschauen. Wenn Sie dick sind. Wenn Sie wenig Haare auf dem Kopf haben … Was auch immer, Sie sind nur dann angreifbar, wenn Sie akzeptieren, dass das etwas Schlimmes ist. Wenn Sie voll dazu stehen, *kann* man Sie nicht mehr angreifen.

Diese Regel beinhaltet mehr als nur eine oberflächliche Technik der Schlagfertigkeit. Es geht um Ihre gesunde Grundeinstellung. Sie sollen zu dem stehen, was Sie sind, was Sie darstellen und was Sie tun, egal was die anderen davon halten. In dem Moment, in dem Sie beginnen, sich für ein Verhalten zu rechtfertigen oder herauszureden, haben Sie im Grunde verloren. Das Spiel können Sie auf Dauer nicht mehr gewinnen.

Geben Sie als Prinzipantwort: „Stimmt genau." Wenn Ihnen beispielsweise jemand vorwirft: „Sie lassen ja niemanden zu Wort kommen", dann können Sie zur Antwort geben: „Stimmt. Stimmt absolut." Sie entziehen ihm dadurch den Boden. Was der Angreifer als verwerflich definiert, zerbröselt in dem Moment, wenn Sie voll und ganz dazu stehen. (Wenn Sie nur diese Einstellung mitnehmen, dann hat sich dieses Buch für Sie schon gelohnt.)

Hier einige mögliche Antworten zu verschiedenen Vorwürfen:

- Sie sind klein.
  ↳ *Gut beobachtet.*
- Sie sind dick
  ↳ *Na klar, sieht man das nicht?*
- Sie haben ja fast keine Haare mehr.
  ↳ *Ja, herrlich.*
- Schauen Sie etwa Pornos an?
  ↳ *Na klar guck ich Pornos, Sie etwa nicht?*
- Kathrin, dich kann ja jeder haben.
  ↳ *Na klar, ich such mir immer spannende Männer aus. Das macht Riesenspaß.*

Noch einmal: Stehen Sie voll und ganz zu den Vorwürfen, die man Ihnen macht. Sie weigern sich, das vorgegebene Musterverhalten als Musterverhalten zu akzeptieren. Sagen Sie: „Na klar, stimmt genau.“ Das entzieht dem Angreifer die Basis.

Anschließend noch einige Vorwürfe, auf die Sie antworten sollen, indem Sie voll zu dem Vorwurf stehen, der Ihnen gemacht wurde. Decken Sie die Antworten zu, und versuchen Sie zunächst, eigene zu finden.

- Sie haben das weggenommen, das ist ja gestohlen.
  ↳ *Na klar, was dachten Sie denn?*

- Du trinkst ganz schön viel.
  ↳ *Na klar, du nicht?*
- Was, Sie kennen Kandinsky nicht?
  ↳ *Nie, gehört. Wer soll das sein?*
- Finden Sie das nicht moralisch bedenklich?
  ↳ *Nein, überhaupt nicht.*
  ↳ *Sind Sie verrückt?*
- Sie haben einen Fleck vorne auf der Hose.
  ↳ *Gut beobachtet. Hinten sind noch zwei.*
- Das ist unfair.
  ↳ *Stimmt, genau das ist es.*
- Sie sind schon wieder zu spät gekommen.
  ↳ *Na klar.*
- Die Kunden beschweren sich über Sie.
  ↳ *Ah, das freut mich.*
- Sie unterdrücken hier die Leute.
  ↳ *Richtig!*
- Sie sind arrogant
  ↳ *Daran werden Sie sich wohl gewöhnen müssen.*
- Das ist nicht o.k., dass Sie sich vordrängen.
  ↳ *Doch, das ist es.*

**Standards:**

- *Gut beobachtet!*
- *Daran werden Sie sich wohl gewöhnen müssen.*
- *Na klar, Sie etwa nicht?*
- *Was Sie nicht sagen!*
- *Stimmt genau!*

## Das Wichtigste auf einen Blick

- Wenn Sie unter dem Verhalten eines anderen Menschen leiden, ist es allein Ihre Aufgabe, aufzustehen und Ihr Anliegen zu artikulieren.
- Es gibt immer Menschen, die tun mit Erfolg genau das, wovon Sie sagen, dass es unmöglich wäre.
- Wenn sich Ihnen gegenüber jemand im Ton vergreift, so stehen Sie auf, schauen ihm in die Augen, gehen vielleicht sogar noch einen Schritt auf ihn zu und sagen ganz ruhig: „Das ist nicht die Art, die ich gewohnt bin mit mir zu reden, kommen Sie wieder, wenn Sie einen normalen Ton gefunden haben. Danke!"
- Mit einem „Danke" am Ende eines klaren Aussagesatzes bestimmen Sie das Ende des Gesprächs.
- Erwiderungstechnik (25): Wenn man Ihnen einen Vorwurf macht, weisen Sie kategorisch die Anschuldigung zurück. Sagen Sie die Zauberworte: „Nein, falsch …".
- Erwiderungstechnik (26): Stehen Sie unerwarteterweise zu dem, was man Ihnen vorwirft. Was der Angreifer als verwerflich definiert, zerbröselt in dem Moment, wenn Sie voll und ganz dazu stehen.

# 5. Teil: Der sanfte Weg, mit Angriffen umzugehen

Eine Spielart der Schlagfertigkeit, so weit es sich um das Reagieren auf Angriffe handelt, besteht in dem Versuch, einer Attacke Freundschaft entgegenzusetzen. Ein asiatisches Sprichwort sagt: Eine Hand, die du nicht abhacken kannst – schüttle sie. Dies ist eine Methode, wie Sie Ihr Ziel erreichen, ohne Energie in unnötigen Konflikten zu vergeuden. Bevor Sie mit den vorher beschriebenen Techniken der situativen Schlagfertigkeit reagieren, sollten Sie überlegen, ob es nicht auf dem sanften Weg einfacher zu regeln ist. Schlagfertigkeit bedeutet hier, nicht auf seinem Recht beharren zu müssen, Persönlichkeit zu beweisen und das Ziel über die Methode zu stellen. Schlagfertigkeit beinhaltet immer auch die Freiheit, die Techniken der Schlagfertigkeit nicht anzuwenden.

Jetzt werden Sie sich vielleicht fragen: Wann soll ich die eine und wann die andere Strategie anwenden?

Versuchen Sie zuerst immer, den sanften Weg einzuschlagen. Das setzt allerdings ein starkes Selbstwertgefühl voraus, das nicht bei jedermann jederzeit präsent ist. Viele leiden unter der Tatsache, sich nicht selbst behaupten zu können. Sie leiden in der Seele, wenn andere sie angreifen, und verkriechen sich in ihr Schneckenhaus. Wenn Sie merken, dass Sie die Souveränität für den sanften Weg im Moment nicht besitzen, gehen Sie auf die Methoden der situativen Schlagfertigkeit über.

## Angriff ist nicht immer die beste Verteidigung

Da giftet der Nachbar: „Sie haben Ihr Auto schon wieder auf meinem Parkplatz abgestellt." Sie giften zurück: „Ich weiß nicht, warum Sie sich aufregen, ich fahr doch in ein paar Minuten wieder weg, und außerdem hängt Ihre Wäsche auch immer zwei Tage zu lange in der Waschküche!" Und schon ist ein Kleinkrieg entstanden, der nicht mehr so leicht zu schlichten ist. Die Fronten verhärten sich. Keiner kann mehr ohne Gesichtsverlust nachgeben.

Bei einem Angriff starten die meisten Menschen instinktiv und ohne viel nachzudenken den Gegenangriff. Wer nicht mein Freund ist, ist mein Feind. Druck wird mit Gegendruck beantwortet.

Dieser Urinstinkt hatte in der Zeit, als wir noch in Höhlen hausten, eine überlebenswichtige Funktion. Er half beim Kampf ums Überleben. In unserer Zeit ist er hinderlich geworden.

Verantwortlich dafür ist das Reptiliengehirn[16], das als Überbleibsel aus jener Zeit immer noch in jedem Menschenschädel sein Unwesen treibt. Glücklicherweise haben wir aber das wache Bewusstsein, das uns erlaubt, anders zu handeln.

Stellen Sie sich vor, Sie sind Hundebesitzer. Ihr Hund hat sich bei einem Waldspaziergang von der Leine gerissen und trifft außerhalb Ihrer Hör- und Sehweite auf einen einsamen Spaziergänger. Knurrend nähert sich ihm der Hund. Welchen Verhaltenstipp würden Sie dem armen Mann geben, um einem drohenden Hundebiss zu entgehen? Soll er durch Aggression versuchen, den Hund in die Flucht zu schlagen, oder soll er ruhig bleiben und sanft auf das Tier einreden? Angriff erzeugt Gegenangriff. Wenn er ruhig auf den Hund einredet, ist seine Chance, nicht gebissen zu werden, viel höher, als wenn er aggressiv würde.

Diese Verhaltensregel können Sie auf menschliche Konflikte übertragen. Sie können Aggressionen ausweichen und sie durch Nachgeben und Freundlichkeit entschärfen.

Gehen Sie nicht auf Konfrontationskurs. Versuchen Sie nicht, dem Gegenüber zu beweisen, dass Sie im Recht sind.

Dazu müssen Sie ein höheres Ziel haben. Ein höheres Ziel als die Selbstbehauptung um ihrer selbst Willen. Das höhere Ziel könnte lauten, dem Hundebiss auszuweichen, oder übertragen, aus einem potentiellen Feind einen potenziellen Freund zu machen.

Wer oder was hindert Sie, im Falle des falsch geparkten Autos dem Nachbarn zu sagen: „Oh, Herr Kaiser, mein Auto steht auf Ihrem Platz. Das ist mein Fehler. Entschuldigung, es kommt nicht wieder vor. Ich fahre es sofort weg.“ Sie haben nachgegeben. Herr Kaiser grüßt Sie in Zukunft wieder freundlich, und Sie haben einen Nachbarn, bei dem Sie jederzeit wieder mal Zucker ausleihen können. Sie haben einen potenziellen Freund. Das ist sehr viel wert.

Stellen Sie sich vor, jemand grüßt Sie nicht mehr in der Firma. Jedes Mal, wenn Sie dieser Person im Flur begegnen, gehen Sie starren Blickes aneinander vorbei. An Ihrem Bürotisch angekommen: Woran denken Sie? Sie grübeln, genauso wie der verhasste Kollege übrigens auch, mindestens noch eine Stunde darüber nach, wie und bei welcher Gelegenheit man dem anderen eins auswischen könnte. Sie entwickeln zusätzlich Strategien, wie es zu vermeiden ist, ihm zu begegnen. Zu Hause kommen Sie erneut in Rage, wenn Sie Ihrem Partner von Ihrem Kriegsschauplatz im Büro erzählen. Können Sie sich vorstellen, wie viel Energie, Zeit und Wohlbefinden Ihnen durch die Pflege dieser Rachegedanken verloren geht?

Ein Mitmensch, der Ihnen wohlgesonnen ist, ist 1000-mal mehr wert als ein kurzfristig gewonnener Rachesieg, der wieder einen Verlierer kennt, der auf Rache sinnt. Ihnen bleibt ein ungutes Gefühl, Ihrem Gegenüber bleibt ein ungutes Gefühl.

# Ich respektiere dich

Behandeln Sie denjenigen, der mit Ihnen die Konfrontation sucht, mit dem größten Respekt. Üblicherweise ist es eine intelligente, nachdenkliche Person, die genauso gute Gründe für ihre Ansicht hat wie Sie.

Es gibt keine lächerlichen Ansichten.

Wenn dies aus Ihrer Antwort deutlich wird, wird sich eine Feindschaft erst gar nicht aufbauen.

Derjenige, der Sie angreift, ist nicht „der Böse“, und Sie sind nicht Besitzer der Wahrheit, die er einfach nicht akzeptieren will. Jeder Mensch bildet seine Ansichten auf Grund bestimmter Überlegungen. Zeigen Sie für diese Ansichten Respekt.

Lassen Sie den anderen spüren: Ich kann dich verstehen, deine Position hat auch eine Berechtigung.

Sprechen Sie diese Überlegungen laut aus. Es könnte sein, dass wirklich neue Ideen dahinter stecken, von denen Sie profitieren können.

Vor rund 370 Jahren behauptete Galileo Galilei, dass nicht die Erde Mittelpunkt des Universums sei, sondern die Sonne. Sie wissen vielleicht, dass er damals gegen die gesamte vorherrschende Meinung von Kirche, Gesellschaft und Wissenschaft verstieß. Er wurde schließlich 1633 unter Androhung des Scheiterhaufens zur Widerrufung seiner ketzerischen Aussage gezwungen. Was glauben Sie, wie viel Diskussionen, Anfeindungen, Aggressionen, verbale Angriffe und Verleumdungen es gegen ihn gegeben hat!? Fast niemand hatte sich ernsthaft überlegt: „Vielleicht ist der Mann im Recht." So sehr stand seine Theorie gegen eine von allen getragene Massenmeinung. Aber er *war* im Recht. Wenn Sie also jemand angreift und Sie noch so sehr überzeugt sind, dass er völlig unbegründet handelt, dann stellen Sie sich vor, Sie wären vielleicht ein Mensch der damaligen Zeit, der einem Galileo Galilei sein „Unrecht" hätte nachweisen wollen. Sie glauben für den Moment, die ganze Menschheit hinter sich zu haben, aber tatsächlich hat der andere Recht.

Zeigen Sie daher Verständnis für andere Ansichten. Selbst wenn Sie anderer Meinung sind, lassen Sie Ihr Gegenüber spüren, dass Sie ihn als Mensch nach wie vor respektieren.

Hier einige Formulierungen, wie Sie das gut ausdrücken können:

- Ich kann Sie verstehen, mir würde es auch so gehen …
- Aus Ihrer Sicht haben Sie sicher Recht …
- Sie bleiben mir sympathisch, auch wenn wir in diesem Punkt nicht derselben Meinung sind …
- Ich kann Ihre Überlegung gut nachvollziehen …
- Ja, Sie haben Recht, das scheint auf den ersten Blick so auszusehen …
- Aus Ihrer Sicht muss es so wirken …
- Das ist ein interessanter Blickwinkel, aus dem man es auch betrachten kann …

# Ruhig und besonnen bleiben

Bleiben Sie ruhig und sachlich, selbst wenn Sie angegriffen werden. So wirken Sie souverän. Wenn Sie merken, dass Ihre Ruhe nur ein Schauspiel wird, müssen Sie aufpassen.

Die Gefahr bei einer Auseinandersetzung ist immer, dass Sie in einen negativen emotionalen Nebel geraten. Sie achten dann nicht mehr auf den Inhalt des Gesprächs, sondern Ihre Gedanken kreisen fast nur noch um das, was Ihre Verletzung ausgelöst hat. Sie hören dann gar nicht mehr richtig, was der andere sagt. Wenn Sie jetzt krampfhaft besonnen bleiben wollen und trotzdem über die Sache reden, die Sie betroffen gemacht hat, so laufen Wortinhalt und Tonfall nicht mehr synchron. Ihre genervte Stimme registrieren Sie vielleicht nicht – der andere tut es.

Deshalb gilt die Regel:

> Reden Sie auf keinem Fall über das, was den negativen emotionalen Nebel verursacht hat, bevor dieses Gefühl nicht wieder verklungen ist.

Ziel des weiteren Gesprächs soll nur noch das „Nebel Entfernen“ sein. Wechseln Sie das Thema, reden Sie über etwas Neutrales oder etwas, worüber Sie einer Meinung sind. Suchen Sie drei Dinge, die Sie an Ihrem Gegenüber sympathisch finden. Senken Sie bewusst Ihre Stimme. Schauen Sie ihm in die Augen, und versuchen Sie, seine Augenfarbe zu erkennen … Warten Sie ab, bis Sie wieder „gelandet“ sind.

Dann können Sie sachlich und in einem „echten“ ruhigen Ton über die Ursache Ihres Ärgers sprechen.

## Ausreden lassen

Wer zu Ihnen mit einer Beschwerde kommt, der möchte vor allem ernst genommen werden. Hören Sie deshalb zu, geben Sie ihm Gelegenheit, Luft abzulassen. Unterbrechen Sie ihn nicht. Interessieren Sie sich für seinen Standpunkt. Anerkennen Sie sein Problem. „Ich sehe, Sie sind aufgeregt, was ist passiert? Erzählen Sie.“ Damit nehmen Sie dem anderen einen Teil seiner Aggression. Er kann „Dampf ablassen“, er fühlt sich angenommen.

## Der Name – das wichtigste Wort

Das wichtigste Wort im Leben eines jeden Menschen ist sein *eigener* Name.

An einem Wochenende wollte ich mit meiner Freundin in einen Zürcher Tanz-Club gehen. Wie erwartet stand bereits eine Riesentraube von Menschen vor der Tür und wartete geduldig darauf, vom Türsteher den Gnadenerweis zu bekommen, in die heiligen Hallen vorgelassen zu werden. Nach Gutdünken winkte er bestimmte Leute aus den hinteren Reihen nach vorne und gewährte ihnen unter den neidvollen Blicken der anderen Wartenden Einlass. Wir beide standen in einer vorderen Reihe und warteten ebenfalls. Da hörte ich jemanden den Türsteher mit seinem Namen anreden. Er hieß Marcello. Den Namen prägte ich mir ein. Kurze Zeit später rief ich ihm aus dem Hintergrund zu: „Marcello!“ Er drehte sich um und schaute mich fragend an. Ich sagte ohne Pause: „Wir sind zu zweit.“ Worauf er die Absperrung für uns aufklinkte und uns gönnerhaft zur Kasse vorließ.

Erkennen Sie, wie wichtig ihre Namen für die Menschen sind?

Sprechen Sie Ihre Mitmenschen mit ihrem Namen an, und sie werden versöhnlicher auf Sie reagieren. Geben Sie den Menschen diese Aufmerksamkeit – sowohl im alltäglichen Leben als auch, wenn man Sie angreift. Die Nennung des Namens ist ein Ausdruck des Respekts und der Sympathie. Es sagt dem anderen: „Du bedeutest mir was.“ Wenn Sie dem Angreifer diesen Respekt zollen, vermindert sich seine Aggressivität Ihnen gegenüber.

Den Menschen, die uns schätzen, wollen wir nicht böse sein.

Versuchen Sie einmal, in Ihrer Firma Leute mit Namen anzureden, die Sie sonst im Vorübergehen nur mit einem „Guten Tag“ bedacht haben. Sie werden Erstaunliches feststellen. Ihr Verhältnis zu einigen Ihrer Kollegen wird sich wesentlich verbessern.

# Suchen Sie unter der Spitze des Eisbergs

Meine Freundin und ich waren eines Tages bei einem befreundeten Paar zum Essen eingeladen. Beim lockeren Gespräch vor dem Essen machte ich die Bemerkung, dass es heutzutage viele Menschen gäbe, die kein Fleisch mehr essen. Diese Bemerkung löste einen schieren Aufschrei bei der Gastgeberin aus. Sie attackierte mich, es wäre doch gar nicht schlimm, Fleisch zu essen, die Diskussionen darum empfinde sie als furchtbar, und jeder solle doch essen, was ihm Spaß macht.

Ich war perplex. Das hatte ich doch gar nicht gesagt? Irgendwie spürte ich, sie redet gar nicht mit mir. Ich fragte sie direkt: „Bist du sicher, dass du mit mir sprichst?“ Sie hielt einen Moment inne, dann senkte sie ihre Stimme und erzählte mir, dass sie einmal mit einem Freund zusammengelebt habe, der Vegetarier war und der bei jedem Essen eine moralische Grundsatzdiskussion um dieses Thema entfachte.

Meine Worte hatten sie unbewusst an diese Szenen aus der Vergangenheit erinnert. Und wie auf Knopfdruck kam die aggressive Reaktion von damals wieder hervor.

Wenn Sie jemand angreift, so ist das oft nur die Spitze des Eisbergs. Sie erinnern den anderen an etwas Unangenehmes in der Vergangenheit, das unverarbeitet unter der Oberfläche liegt. Und Ihre Worte oder Ihr Erscheinungsbild holen diese Vergangenheit wieder hoch. Das sind gar nicht Sie, den der andere angreift, sondern irgendetwas an Ihnen, das ihn an einen anderen Vorfall erinnert.

Manchmal greifen Menschen Sie an, aber sie suchen eigentlich nur Anerkennung. Das ist ein Hilfeschrei: „Habt mich lieb, mögt mich!“ Wenn jemand von der Nachbarwohnung im oberen Stockwerk zu Ihnen runterkommt und sich beschwert, der Rauch von Ihrem Grill störe ihn, dann stört ihn vielleicht nur, dass bei Ihnen unten ausgelassen gelacht wird, wo er sich doch so einsam fühlt. In dem Fall nützt es nichts, wenn Sie am Rauch herumargumentieren. Laden Sie ihn ein: „Kommen Sie, setzen Sie sich doch zu uns, trinken Sie einen mit!“ Und der Rauch stört ab sofort nicht mehr.

Sie gehen in das Büro eines Kollegen und möchten sich einen Bleistift ausleihen. Der explodiert aber und brüllt Sie an, Sie sollen sich gefälligst selbst um Ihren Bleistiftnachschub kümmern. Getroffen gehen Sie aus dem Büro. Später erfahren Sie, dass dem Kollegen soeben mitgeteilt wurde, dass ihm bei seinem Projekt ein gravierender Fehler unterlaufen ist. Außerdem waren Sie an diesem Vormittag schon der Dritte, der einen Bleistift haben wollte.

Die Ursache für Angriffe gegen Sie liegt nicht zwingend in dem, was Sie gesagt haben, sondern in dem, was in der anderen Person dadurch ausgelöst wurde. Einer bereits existierenden Missgelauntheit haben Sie eventuell den Tropfen zum Überlaufen hinzugefügt. Handeln Sie in Bezug auf das Fass, nicht auf den Tropfen. Das Fass haben nicht Sie gefüllt. Da ist es möglich, versöhnlich zu reagieren.

Sie können viel häufiger davon ausgehen, dass die Aggression gegen Sie in Wirklichkeit gar nicht gegen Sie gerichtet ist. Das alleine reicht oft, um gelassener zu reagieren.

# Gefühle sind beeinflussbar

Sie sind Ihren Gefühlen beileibe nicht so ausgeliefert, wie man allgemein glaubt. Sie allein sind der Herr Ihrer Gefühle. Sie können sie zulassen oder unterdrücken oder sich sogar selbst so programmieren, dass Sie sich so fühlen, wie Sie wünschen. Es funktioniert nicht immer. Aber besser, als Sie denken.

Das schließt alle Gefühle mit ein. Hier wollen wir aber vor allem die negativen Gefühle wie Ärger und Wut betrachten.

Sie haben einen neuen hellen Teppichboden in Ihre Wohnung legen lassen. Am ersten Abend bereits fällt Ihnen ein gefülltes Rotweinglas um. Ein riesiger Fleck breitet sich auf Ihrem nagelneuen Teppichboden aus.

In solchen Situationen haben Sie immer zwei Möglichkeiten: Entweder Sie regen sich auf, ärgern sich ordentlich, Ihr Tag ist verdorben, andere leiden unter Ihrer schlechten Laune, und trotzdem bleibt der Fleck unverändert am Boden. Oder aber Sie regen sich nicht auf, behalten Ihre gute Laune, Sie haben ein schönen Tag, und der Fleck bleibt genauso unverändert am Boden. Egal welche Lösung Sie wählen, am Fleck ändert sich nichts. Nur an Ihrer Laune.

Sie leben ca. 700.000 Stunden in Ihrem Leben. Jede Stunde, die Sie missgelaunt, ärgerlich und unzufrieden sind, ist eine für immer vertane Stunde. Sie lässt sich nie mehr revidieren. Also: Wenn Sie sich entscheiden können, entscheiden Sie sich immer dafür, sich nicht zu ärgern.

Machen Sie sich klar:

> Keiner zwingt Sie, sich zu ärgern. Ärger und Wut zu haben ist kein Naturgesetz, das können Sie beeinflussen.

Wenn Sie Ärger haben, stellen Sie sich folgende Frage: Regt mich das in einem Jahr noch auf? Wenn nein, dann ist jede Sekunde, in der ich mich ärgere, vergeudete Zeit.

Sie müssen sich über schlichtweg gar nichts aufregen. Ich möchte mit Ihnen ein mentales Kurztraining machen. Lesen Sie bitte folgende Beschreibungen durch, und sagen Sie nach jedem Satz laut oder nur in Gedanken: „Ich behalte meine gute Laune.“

- Ein Autofahrer nimmt Ihnen die Vorfahrt.
- Die Einkaufstüte fällt beim Aufschließen der Haustür zu Boden.
- Das neue Kleid wurde in der Waschmaschine verfärbt.
- Sie haben Ihren Geldbeutel mit 1400 DM verloren.
- Wichtige Dateien im Computer sind unwiederbringlich gelöscht.
- Sie haben im Ausland Ihre Autoschlüssel verloren.
- Ihnen wurde gekündigt.
- Ihr Haus brennt.
- Jemand brüllt Sie ungerechtfertigt an.
- Jemand beleidigt Sie vor allen Leuten.
- Jemand verbreitet Unwahrheiten über Sie.

„Ich behalte meine gute Laune." Das ist auch die genialste Strategie gegen Angriffe. Die dicke Haut eines Elefanten. Was Sie nicht berührt, dagegen müssen Sie nicht vorgehen.

Wohlgemerkt: Es geht nicht darum, den Ärger hinunterzuschlucken – sondern ihn erst gar nicht aufkommen zu lassen.

## Der Ärger über sich selbst

Sie stehen in einer langen Autoschlange. Rechts von Ihnen ist eine Abbiegespur, die niemand benutzt. Sie sehen, wie ein einzelner Fahrer zügig auf der Abbiegespur die Autoschlange rechts überholt und sich ganz weit vorne frech wieder in Ihre Kolonne einfädelt. Wohingegen Sie brav in der stehenden Schlange warten. Nehmen wir an, Sie regen sich über diese Frechheit auf. Haben Sie mal überlegt, worüber Sie sich tatsächlich aufregen? Wenn Sie um eine Autolänge in einem Stau zurückgeworfen werden, verlieren Sie, wenn der Verkehr wieder rollt, weniger als zwei Sekunden von Ihrer Reisezeit. Über das können Sie sich objektiv nicht aufregen. Worüber aber dann?

Sie regen sich über sich selbst auf. Es ärgert Sie, dass andere scheinbar leichter durchs Leben kommen, weil sie Dinge wagen, wozu Sie zu feige sind. Darüber ärgern Sie sich.

Wenn Sie sich über etwas aufregen, so gibt es meistens drei mögliche Ursachen:

1. Im Grunde wären Sie gern so wie der, über den Sie sich ärgern.
2. Verhasste Schwächen von Ihnen selbst.
3. Die Erinnerung an Schwächen anderer Leute, unter denen Sie gelitten haben.

In allen Fällen kann derjenige, der das bei Ihnen ausgelöst hat, nichts dafür.

## Ihre eigenen Schwächen

Angenommen, Sie mögen jemanden partout nicht. Seien Sie ganz ehrlich: Erkennen Sie da nicht etwas Störendes, von dem Sie glauben, Sie selbst hätten es schon lange überwunden? Einmal wusste ich ein Fremdwort nicht. Es war peinlich, weil die umgebende Mehrheit es offensichtlich kannte. Schleunigst prägte ich es mir ein. Nur zwei Wochen später ertappte ich mich dabei, wie ich mich aufregte über einen anderen, der genau dieses Fremdwort nicht kannte.

Wenn Sie sich ärgern, überprüfen Sie, ob nicht die eigenen unerledigten Verhaltensmuster dahinter stecken. Sie meinen vielleicht, Sie haben diese Macken schon überwunden – haben Sie aber wahrscheinlich nicht, sonst würden Sie sich nämlich nicht bei anderen darüber aufregen.

Wenn Sie fanatischer Raucher-Gegner sind, ist es gut möglich, dass Sie früher selbst Raucher waren und Sie nun die Menschheit „bekehren“ wollen.

Wenn Sie sich darüber aufregen können, dass sich jemand furchtbar gestelzt und geschwollen ausdrückt, ist es gar nicht so unwahrscheinlich, dass Sie früher selbst so eine Phase durchlaufen haben.

## Sie ärgern sich über Ihr eigenes Unvermögen

Das zu Beginn beschriebene Beispiel des Autofahrers, der sich frech in die Warteschlange drängelt, gehört in diese Kategorie. Es ärgert Sie, nicht so sein zu können wie der, über den Sie sich aufregen.

Wenn Sie sich als Mann im Italienurlaub aufregen, dass die Italiener die Touristinnen „belästigen", regt es Sie vielleicht nur auf, dass Sie bei denselben Touristinnen nie eine Chance hätten.

Wenn Sie sich über arrogante Menschen aufregen, so ärgert es Sie vielleicht nur, das Sie selbst nicht so selbstbewusst auftreten können.

## Sie haben unter anderen Menschen gelitten

Wenn Sie sich über etwas aufregen oder jemanden nicht mögen, kann das auch darauf beruhen, dass Sie an Leute oder Verhaltensmuster erinnert werden, unter denen Sie früher einmal gelitten haben. Das war der Fall in dem vorher erwähnten Beispiel der Gastgeberin. Sie hatte unter den endlosen Diskussionen ihres vegetarischen Freundes gelitten. Ein Stichwort genügte, dass sie den nicht gewonnenen Kampf von damals wieder aufnahm, um nun vielleicht auf einem anderen Schauplatz doch noch als Sieger hervorzugehen.

Wenn Sie sich über gewisse sexuelle Praktiken oder Freizügigkeiten aufregen, überlegen Sie, ob Sie nicht in Ihrer Vergangenheit durch andere Menschen in Ihrer Sexualität gehemmt waren und deswegen leiden mussten.

## Bitten Sie um Verzeihung, ohne sich zu rechtfertigen

Schauen wir uns noch einmal das vorher geschilderte Beispiel mit dem falsch geparkten Auto auf dem Stellplatz des Nachbarn an. Der Angegriffene hätte sich auch folgendermaßen herausreden können: „Wissen Sie, ich wollte nur kurz was ausladen, und dann kam in der Wohnung ein wichtiges Telefonat, und da konnte ich leider nicht weg.“ Erforschen Sie sich einmal selbst. Wie würden Sie im Falle einer solchen Antwort reagieren? Wären Sie beschwichtigt? Es beruhigt den Angreifer fast nie, wenn Sie eine Erklärung für Ihr Fehlverhalten liefern können. Seine Reaktion ist instinktiv: „Faule Ausrede“ oder: „Das hab ich jetzt schon 1000-mal gehört.“

Mit einer Erklärung für Ihr Fehlverhalten geben Sie ihm das Gefühl, dass Sie schuldlos sind. In der Konsequenz heißt das aber, dass sich der andere ungerechtfertigterweise aufgeregt hat. *Sie* haben Ihr Auto falsch geparkt, und nun soll das Opfer den Grund für seine Aufregung noch bei sich selbst suchen. Und das ärgert ihn noch mehr.

Menschen können dann am leichtesten verzeihen, wenn jemand um echte Vergebung seiner „Sünden“ bittet.

Formulieren Sie Ihre Position so, als ob es von der Gnade des anderen abhängt, Ihnen zu verzeihen.

Keine Teilschuld dem anderen zuordnen, keine Erklärungen für Ihr Fehlverhalten.

„Herr Kaiser, das war mein Fehler. Sie hatten Unannehmlichkeiten durch mich. Können Sie mir verzeihen?“

Lassen Sie den anderen derjenige sein, der er sein will. Der Edle, Großmütige, der mit Gönnergeste vergeben kann. Wie bei den Hunden, die eine Beißhemmung bekommen, wenn sich ein anderer Hund ergeben auf den Rücken legt, wird auch der menschliche Angreifer Ihnen in dem Moment Ihre Sünden erlassen, wo Sie alle Schuld auf sich nehmen.

Dabei ist wichtig:

**Bauen Sie keine Gegenposition auf.**

Versuchen Sie nicht zu beweisen, wo Sie doch noch Recht haben oder wo der andere vielleicht Unrecht hat. Auch nicht in Teilbereichen.

Auch bei den verschiedenen asiatischen Kampfsportarten ist die eigentliche Kunst nicht der Gegenschlag, sondern das Zurückweichen. Wenn Sie eine Gegenposition aufbauen, stellen Sie eine Festungsmauer in die Gegend, auf die jeder Gegner mit Leichtigkeit seine Waffen richten kann. Wenn er hingegen keine Mauer sieht, ist seine Waffe sinnlos geworden, und er wird sie wieder wegstecken.

Während der drei Jahre meiner Sprachausbildung gab ich Abendkurse in Rhetorik und Kommunikation. Meine Sprachlehrerin kannte verschiedene Tricks, wie man die Nervosität vor dem Auftritt reduzieren kann, und einige davon zeigte sie mir. Begeistert versuchte ich am nächsten Rhetorik-Abend, die neu gelernten Übungen meinen eigenen Kursteilnehmern weiterzuvermitteln. Leider war das Feedback meiner Schüler nicht begeisternd. Es funktionierte nicht bei ihnen. In der nächsten Sprachstunde erzählte ich meiner Sprachausbildnerin von meinen Erfahrungen.

Blitzartig war sie in einem dichten emotionalen Nebel gefangen. Sie war getroffen. Erregt erklärte sie mir, dass die Methoden nur nach langer Übung Wirkung zeigen, dass man sie im Stillen für sich machen müsse und nicht vor Publikum, dass sie mir das aber alles erklärt habe … usw. Sie fühlte sich durch meine Schilderungen derart persönlich angegriffen, dass sie sogar die Sprachausbildung sofort abbrechen wollte.

Instinktiv begann ich, wie üblich zu reagieren. Ich versuchte, meine Position zu behaupten, mich zu rechtfertigen und ihr eine Teilschuld zuzuweisen. Dann hielt ich aber inne. Mein übergeordnetes Ziel war doch, die Sprachausbildung fortzusetzen und mit ihr weiterhin ein gutes persönliches Verhältnis zu behalten. Das Ziel ist wichtiger als die Selbstbehauptung. Also änderte ich von einer auf die andere Sekunde komplett meine Strategie.

Ich begann, ihr mit meinen Worten *ihre* Argumente für mein Fehlverhalten zu schildern. „Ich habe meinen Teilnehmern etwas gezeigt, was erst nach langer Übung funktioniert. Das konnte ja nicht klappen. Du hast mir gesagt, dass man die Übung im Stillen für sich machen muss und nicht vor Publikum, und ich habe es nicht beachtet …“ Kurzum, ich erklärte ihr, warum ich im Unrecht war und wie sie durch meine Schuld hat leiden müssen. „Es ist meine Schuld. Ich habe einen großen Fehler gemacht. Verzeihst du mir?“

Die Stimmung kippte innerhalb kürzester Zeit. Die eisige Kälte von vorher wich einem neuen großen Gefühl der Harmonie.

Nur durch Reue und echtes Bitten um Verzeihung wurde diese Harmonie hergestellt.

Bekennen Sie sich schuldig, so weit Sie können. „Es tut mir leid, dass Ihnen das passiert ist." Meistens ist der andere mit seinem Vorwurf gar nicht so im Unrecht, wenn man es genau betrachtet. Wenn Sie nachgeben, haben Sie ein besseres Gefühl, der andere hat ein besseres Gefühl, und meistens wird auch die Sache, um die es geht, objektiv besser geregelt. Tun Sie dies aber nicht aus einer Unterwürfigkeit heraus, sondern aus einer Position des Selbstbewusstseins.

## Beseitigen Sie die Ursache des Problems

Wenn jemand sich bei Ihnen beschwert, so hat das irgendwo eine echte Ursache – zumindest für ihn, sonst würde er sich ja nicht beschweren. Handeln Sie, so weit Sie der Ursache des Problems abhelfen können.

Wenn ein Ast Ihres Kirschbaums den Nachbarn in seinem Garten stört, schneiden Sie ihn doch ab! Wenn Ihr Auto eine fremde Grundstückszufahrt blockiert, stellen Sie es doch weg! Wenn Ihre Musik nachts zu laut ist, machen Sie sie leiser … Meistens ist es kein Beinbruch, bei der Ursache des Ärgers Abhilfe zu schaffen.

Sie müssen entscheiden, was für Sie wichtiger ist: sich zu behaupten (Dem hab ich's jetzt aber gezeigt) und dann wertvolle Energie in die Aufrechterhaltung einer Feindschaft mit Gegenattacken und Rachefeldzügen zu verschwenden – oder aber nachzugeben, die gute Laune zu behalten und aus einem möglichen Feind einen guten Nachbarn zu machen.

Zusätzlich haben Sie damit dem unserem Kulturkreis entsprechenden religiösen Idealbild Genüge getan, das Versöhnlichkeit, Nächstenliebe, Hilfsbereitschaft, Freundlichkeit und Demut favorisiert. „Wenn dich einer auf die rechte Backe schlägt, so halte ihm auch die linke hin." Das Tolle ist: Sie fühlen sich auch noch besser dabei.

## Mit „aber" machen Sie alles zunichte

Untersuchungen haben ergeben, dass allein die Erwähnung des Wortes „aber" ausreichte, um bei Versuchspersonen erhöhten Hautwiderstand, Schweißabsonderung und raschen Puls zu provozieren. Menschen reagieren körperlich auf dieses Wort. Es löst einen inneren Widerstand aus.

Wenn Sie Gegenargumente erwähnen, so schließen Sie nicht mit „aber" an, sondern bringen Ihre Argumente übergangslos oder mit einem Ersatzwort.

Mit dem Wort „aber" trennen Sie Ihren Gesprächspartner von sich. Der andere baut bei der Erwähnung des Wortes innerlich sofort eine Gegenposition auf. Wir wissen alle aus Erfahrung, nach dem „aber" kommt immer der „Hammer" für uns: „Das war deine Position, und jetzt kommt meine, die dir nachweist, dass du im Unrecht bist!" Wenn Sie das Wort „aber" nicht benutzen, können Sie Ihren Gesprächspartner noch „einsammeln". Er wird ohne inneren Widerstand Ihren Argumenten folgen.

Es gibt mehrere Möglichkeiten, „aber" zu ersetzen. Die einfachste ist, dieses Füllwort ersatzlos zu streichen. Anstatt zu sagen: „Ich bin rechtzeitig gekommen, aber Sie hatten den Schlüssel nicht dabei", sagen Sie lieber: „Ich bin rechtzeitig gekommen, Sie hatten den Schlüssel nicht dabei."

Sie können „aber" jedoch auch durch andere Worte oder Hilfskonstruktionen ersetzen. Nachfolgend einige Ausdrücke, durch die Sie „aber" ersetzen können.

Anstatt „aber" können Sie sagen:

- Ich bin der Meinung ...
- Neu ist ...
- Und ...
- Das ist schon gut – noch besser wäre ...
- Ich habe ein Problem ...
- Der Grund liegt darin ...

Nun einige Beispiele, wo das Reizwort „aber" durch eine Hilfskonstruktion ersetzt wurde. Halten Sie die Antworten zu, und versuchen Sie, eigene Antworten zu finden.

- Sie sind schnell im Schreiben, aber Sie machen zu viele Fehler.
  ↳ *Sie sind schnell im Schreiben, das ist schon gut, noch besser wäre, wenn Sie weniger Fehler machten.*
- Sie wollen das Fenster öffnen, aber mir ist kalt.
  ↳ *Sie wollen das Fenster öffnen, ich habe ein Problem, mir ist kalt.*
- Das Auto steht auf Ihrem Parkplatz, aber meine Frau ist fußkrank.
  ↳ *Das Auto steht auf Ihrem Parkplatz, und meine Frau ist fußkrank.*

- Die Steuern werden gesenkt, aber besser Verdienende zahlen mehr als vorher.
  ↳ *Die Steuern werden gesenkt, neu ist: besser Verdienende zahlen mehr als vorher.*
- Das Gerät zeigt die richtigen Ergebnisse, aber die Spannung am Ausgang ist zu tief.
  ↳ *Das Gerät zeigt die richtigen Ergebnisse, ich bin der Meinung, die Spannung am Ausgang ist zu tief.*

## Ihre Idee – vom anderen entwickelt

Zu der Zeit, als ich noch als Software-Ingenieur arbeitete, schob ich fast ein Jahr eine Entscheidung vor mir her. Es war der Gang zu meinem Chef Manfred, um ihn zu fragen, ob ich Teilzeit arbeiten könnte. Mein Wunsch war eine Arbeitszeitreduzierung von 20 Prozent. Ich schob diesen Gang so lange vor mir her, weil ich mir immer nur die schwärzesten Reaktionen im Kopf meines Chefs ausmalte. Das heißt, ich beschäftigte mich quasi nur damit, warum er mein Anliegen bestimmt ablehnen würde.

Eines Tages gab ich mir endlich einen Tritt und sagte mir: „Der beste Zeitpunkt ist immer jetzt. Nur wer fragt, bekommt eine Antwort." Allerdings legte ich mir eine Strategie zurecht. *Er* sollte auf die Idee der Teilzeitarbeit kommen. Ich bat um eine Aussprache, und als seine Bürotür hinter uns geschlossen war, sagte ich Folgendes:

„Manfred, meine Arbeit macht mir Spaß. Nur, genauso wie sich in der Firma unerledigte Sachen stapeln, stapeln sich auch bei mir zu Hause unerledigte Sachen. Meine freie Zeit reicht nicht mehr, um all das zu erledigen, was mir sonst noch wichtig ist. Ich möchte, dass die Firma meine Leistung garantiert bekommt, und ich möchte gleichzeitig meine Weiterentwicklung nicht außer Acht lassen. Das ist mein Problem. Ich bin nun zu Dir gekommen, ob *Du* nicht eine Idee hättest, wie wir das Problem lösen könnten."

Ich verschränkte meine Arme und wartete. Nun begann Manfred, mir Vorschläge zu unterbreiten. Er sprach von der Fahrtzeit zur Arbeit, die man verkürzen könnte, er sprach von einem Wohnungswechsel, von einer Änderung der Einstellung zur Arbeit, und schließlich sagte er: „Es gäbe noch eine Möglichkeit: Du könntest Teilzeit machen." Ich öffnete meine Arme und sagte: „Oh, das finde ich eine klasse Idee!" Wir diskutierten noch die näheren Details und waren beide zufrieden.

Menschen rücken viel eher von ihrer Position ab, wenn sie selbst die Idee entwickelt haben.

Das lässt sich wunderbar auf den Umgang mit Angriffen anwenden. Wenn Sie in Ihrer Position nicht nachgeben können, so lassen Sie den Angreifer die Idee entwickeln, was Sie eigentlich wollen.

Wichtig: Vermeiden Sie das Wort „aber". Das „Aber" löst bei den Menschen Widerstand aus.

Wie in dem Cartoon auf S. 191: Sie sitzen im Zug; Ihr Gegenüber will das Fenster offen haben, weil ihm heiß ist, Sie wollen das Fenster geschlossen haben, weil Sie frieren. Lassen Sie den anderen eine Lösung entwickeln. Sie könnten beispielsweise sagen:

„Ihnen ist heiß, Sie brauchen frische Luft, das sehe ich ein. Ich habe ein Problem. Ich habe gerade eine schlimme Grippe hinter mir. Wenn anderen warm ist, empfinde ich es als kalt. Haben Sie vielleicht eine Idee, was ich da machen könnte?“

Wenn Ihr Auto auf dem Parkplatz des Nachbarn steht, sagen Sie: „Mein Auto steht auf Ihrem Platz. Das ist Ihr bezahlter Platz, da hat sonst niemand was zu suchen. Sie hatten Unannehmlichkeiten durch mich. Das darf nicht sein. Neu ist: Meine Frau ist fußkrank. Haben Sie vielleicht eine Idee, wie ich es anstellen könnte, dass sie nicht so weite Strecken laufen muss?“

Wenn Ihre Stereoanlage zu laut ist und der Nachbar beschwert sich: „Ganz klar, es ist unmöglich, wenn meine Stereoanlage so laut ist, dass Sie kaum noch Ihren Fernseher hören. Ich habe 20 Leute zu meiner Party eingeladen. Ohne Musik krieg ich keine Stimmung hin. Haben Sie eine Idee, wie ich dieses Problem lösen könnte?“

Sie lassen Ihr Gegenüber die Idee entwickeln, die zur Lösung „Ihres“ Problems beiträgt. Das wird vielleicht nicht zwingend die Idee sein, die Sie selbst im Kopf hatten. Vielleicht ist aber auch eine Idee dabei, die im Prinzip noch besser ist als Ihre ursprüngliche.

Vor allem: Der andere wird weit weniger auf sein „Recht“ pochen, denn er ist nicht durch Druck gezwungen worden nachzugeben. Wenn jemand mit seiner Idee einem anderen helfen kann und er weiß, dass er danach als „guter Mensch“ dasteht, ist er bereit, viele Dinge zu akzeptieren, die er vorher entrüstet von sich gewiesen hätte. Und er wird sich zusätzlich gerne daran halten. Es war ja schließlich seine Idee.

# „Wie Sie gerade erwähnt haben ...“

Nehmen wir an, Sie sagen während eines Gesprächs folgenden Satz: „Eine Arbeitslosenquote von 10 Prozent, an die werden wir uns im nächsten Jahrhundert gewöhnen müssen.“ Sie unterhalten sich mit Ihrem Gesprächspartner weiter, und nach ca. zehn Minuten erwähnt er: „Sie haben vorhin einen guten Satz gesagt: Zehn Prozent Arbeitslose werden im nächsten Jahrhundert normal sein.“ Versuchen Sie zu erspüren, wie Sie sich fühlen, wenn Ihr eigener Satz von einem Fremden als so bedeutend eingeschätzt wird, dass er ihn später zitiert. Das kennen wir nur von großen Persönlichkeiten. Menschen möchten bedeutend sein. Sie sind gut auf denjenigen zu sprechen, der ihnen dieses Gefühl gibt.

Zitieren Sie den anderen während des Gesprächs.
Sie geben ihm dadurch das Gefühl von Bedeutung.

Jeder wünscht sich, dass seine Worte nicht ungehört verhallen und weitergetragen werden.

Wenn Sie in Konflikt mit irgendjemand sind, so ist es für die Beziehungsebene nützlich, in gewissen Abständen Aussagen des Gesprächspartners in eigenen Worten zusammenzufassen. Das dämpft erheblich die Aggression und erwärmt das Gesprächsklima.

Versuchen Sie also, immer wieder einmal seine Argumentation wiederzugeben. Betonen Sie dabei, dass das jetzt seine Worte sind.

Einige Beispiele, wie Sie Ihre Sätze anfangen können:

- Wie Sie gerade gesagt haben …
- Das, was Sie vorhin sagten, hat mir gut gefallen …
- Eine Ihrer Aussagen war …
- Ein Satz von Ihnen ist mir in Erinnerung geblieben …
- Ich möchte Sie mal selbst zitieren …

Das Zitieren des Gesprächspartners ist eine sehr wirksame Methode, um eine gute Beziehung herzustellen. Sie verlangt von Ihnen allerdings die Fähigkeit, gut zuzuhören und sich voll auf den Gesprächspartner einzustellen.

## Fünf Schritte zur Abwehr eines Angriffs

Wenn jemand Sie verbal beschuldigt, gehen Sie in fünf Schritten vor, um wieder ein gutes Verhältnis herzustellen:

1. Wiederholen Sie in fragender Form den Vorwurf, der Ihnen gemacht wurde.
2. Gestehen Sie Ihren Fehler ein, so weit er zutrifft.
3. Loben Sie den anderen.
4. Bitten Sie ihn um einen Gefallen.
5. Machen Sie ein Angebot zur Versöhnung.

Beispiel: Ihre Stereoanlage ist zu nachtschlafender Zeit zu laut eingestellt, der Nachbar klopft und beschwert sich.

**Wiederholen Sie in fragender Form den Vorwurf, der Ihnen gemacht wurde.**

Ist es richtig, dass Ihnen meine Musik zu laut ist?

**Gestehen Sie Ihren Fehler ein, so weit er zutrifft.**

Ich muss zugeben, dass Sie Recht haben. Ich habe die Musik ziemlich laut gestellt und Sie dadurch in Ihrer Nachtruhe gestört.

**Loben Sie den anderen.**

Ich finde es gut von Ihnen, dass sie sich die Mühe machen, persönlich vorbeizukommen, und nicht gleich die Polizei rufen wie andere.

**Bitten Sie ihn um einen Gefallen.**

Dürfte ich Sie um einen Gefallen bitten: Ich möchte die Lautstärke meiner Anlage einmal am Nachmittag testen. Würden Sie so nett sein und in Ihrer Wohnung den Testhörer spielen? Sie sagen mir, bis zu welcher Lautstärke die Musik nicht störend ist. Dann merke ich mir die Position und weiß immer, wie weit ich noch aufdrehen kann, ohne Sie zu belästigen.

**Machen Sie ein Angebot zur Versöhnung.**

Ich verspreche Ihnen, dass ich in Zukunft ab 22 Uhr meine Musik nur noch auf Zimmerlautstärke stelle. Wollen Sie nicht hereinkommen auf ein Glas Wein?

Es müssen nicht alle Regeln vollständig und schematisch hintereinander angewendet werden. Es reicht, nur einige davon zu benutzen, um den Angreifer zu beschwichtigen.

## Wie Sie ein beliebter Chef werden

Wenn Mitarbeiter über Konflikte in Firmen reden, ist sehr oft der Chef das Objekt des Ärgers. Viele Konflikte würden gar nicht entstehen, wenn es bessere Chefs gäbe. Jeder, der selbst Chef ist, möchte auch ein guter, beliebter Chef sein. Aber es gibt tatsächlich sehr wenige Chefs, von denen die Mitarbeiter in ihrer Abwesenheit gut reden. Hier einige Kurzregeln, wie Sie ein beliebter Chef werden können:

Gewöhnen Sie sich Überheblichkeit ab. Ihre Untergebenen sind genauso viel wert wie Sie. Reden Sie sie mit ihren Namen an. Grüßen Sie sie höflich. Reden Sie immer ein paar Worte mit ihnen. Schauen Sie Ihren Mitarbeitern in die Augen, wenn Sie mit ihnen reden. Wenn Ihnen jemand vorgestellt wird, vergessen Sie nicht, ihn das nächste Mal mit seinem Namen anzusprechen. Bilden Sie sich nichts auf Ihre Position ein. Geben Sie niemandem den Eindruck, dass Sie mehr wissen als er. Geben Sie nicht mit Ihrer Macht, mit Ihrem Wohlstand an. Schätzen Sie nicht nur denjenigen, der unmittelbar zu Ihrer Gruppe gehört oder von dem Sie in irgendeiner Form abhängig sind. Auch die Putzfrau und der Pförtner verdienen Ihre Wertschätzung und Aufmerksamkeit.

Interessieren Sie sich für private Angelegenheiten Ihrer Mitarbeiter. Fragen Sie nach Hobby, Familie und Wochenendbeschäftigung. Stellen Sie diesbezügliche Fragen. Interessieren Sie sich nicht nur geschäftsmäßig dafür, sondern wirklich. Der beliebte Chef ist der Chef, der mit seinen Mitarbeitern ein nicht geschäftliches „Schwätzchen“ führen kann.

Hören Sie auf, zu einer „höheren Klasse“ gehören zu wollen. Sie selbst wissen nur zu gut, wer Sie eigentlich sind. Niemand liebt Sie, weil Sie mit dem Konzernchef schon einmal Mittag gegessen haben oder weil Sie sich ein Zweitauto leisten können. Hören Sie auf, Ihren Mitarbeitern ständig klarmachen zu wollen, dass Sie fachlich besser sind als sie. Niemand liebt Sie, weil Sie ein Besserwisser sind. Geben Sie Ihren Mitarbeitern im Gegenteil das Gefühl, dass Sie dankbar sind, auf Teilgebieten jemanden zu haben, der besser ist.

Werden Sie nicht ungehalten Ihren Mitarbeitern gegenüber, verbessern Sie sie nicht, fallen Sie ihnen nicht ins Wort. Werden Sie nicht ausfällig, wenn etwas nicht so klappt, wie Sie sich das vorgestellt haben. Vermeiden Sie den gereizten Unterton, wenn Sie meinen, Ihre Anweisungen sind nicht richtig erfüllt worden. Haben Sie Vertrauen in Ihre Mitarbeiter. Kontrollieren Sie sie nicht. Geben Sie verantwortungsvolle Aufgaben ab. Spielen Sie nicht den Chef.

Machen Sie Ihren Mitarbeitern kleine Geschenke. Wenn es im Sommer heiß ist, verteilen Sie Eis in Ihrer Abteilung. Gratulieren Sie Ihren Mitarbeitern zum Geburtstag. Machen *Sie* einmal Kaffee für Ihre Sekretärin. Hören Sie auf, sich ständig selbst als Vorbild darzustellen. Akzeptieren Sie die Menschen so, wie sie sind, und nicht so, wie Sie sich sie wünschen.

Holen Sie sich keine Antworten ab, sondern erfragen Sie wirklich die Meinung anderer, ohne Ihre eigene Meinung bereits unterschwellig vorgegeben zu haben. Schaffen Sie eine Atmosphäre, in der Ihre Mitarbeiter, wenn Sie nicht im Büro sind, genauso positiv über Sie und Ihre Ideen reden, als wenn Sie anwesend wären.

# Ihre fünf Standardantworten

Wenn Sie fünf Standardantworten sicher in Ihrem Kopf parat haben und Sie diese reflexartig „ausspucken“ können, verhindern Sie, dass Sie bei Angriffen in jene Versagensangst kommen, die das Denken blockiert.

Aus den angebotenen Standardantworten in den einzelnen Kapiteln dieses Buches sollen Sie sich fünf heraussuchen, die Sie auswendig lernen.

Notieren Sie hier Ihre fünf favorisierten Standards:

1) ______________________________

______________________________

2) ______________________________

______________________________

3) ______________________________

______________________________

4) ______________________________

______________________________

5) ______________________________

______________________________

## Das Wichtigste auf einen Blick

- Gehen Sie nicht auf Konfrontationskurs. Versuchen Sie nicht, dem Gegenüber zu beweisen, dass Sie im Recht sind.
- Es gibt keine lächerlichen Ansichten.
- Lassen Sie den anderen spüren: Ich kann dich verstehen, deine Position hat auch eine Berechtigung.
- Reden Sie auf keinem Fall über das, was den negativen emotionalen Nebel verursacht hat, bevor dieses Gefühl nicht wieder verklungen ist.
- Wer zu Ihnen mit einer Beschwerde kommt, der möchte vor allem ernst genommen werden. Hören Sie deshalb zu, geben Sie ihm Gelegenheit, Luft abzulassen.
- Sprechen Sie Ihre Mitmenschen mit ihrem Namen an, und sie werden versöhnlicher auf Sie reagieren.
- Den Menschen, die uns schätzen, wollen wir nicht böse sein.
- Wenn Sie jemand angreift, so ist das oft nur die Spitze des Eisbergs. Ihre Worte erinnerten den anderen unbewusst an negative Szenen aus der Vergangenheit.
- Keiner zwingt Sie, sich zu ärgern. Ärger und Wut zu haben, ist kein Naturgesetz, das können Sie immer beeinflussen.
- Wenn Sie sich über etwas aufregen, so gibt es meistens drei mögliche Ursachen:
  1. Im Grunde wären Sie gern so wie der, über den Sie sich ärgern.
  2. Verhasste Schwächen von Ihnen selbst.
  3. Die Erinnerung an Schwächen anderer Leute, unter denen Sie gelitten haben.
- Formulieren Sie Ihre Position so, als ob es von der Gnade des anderen abhängt, Ihnen zu verzeihen.

- Bauen Sie keine Gegenpositionen auf.
- Beseitigen Sie die Ursache des Problems.
- Wenn Sie Gegenargumente erwähnen, so schließen Sie nicht mit „aber" an, sondern bringen Ihre Argumente übergangslos oder mit einem Ersatzwort.
- Lassen Sie den anderen Ihre Idee entwickeln. Menschen rücken viel eher von ihrer Position ab, wenn sie selbst die Idee entwickelt haben.
- Zitieren Sie den anderen während des Gesprächs. Sie geben ihm dadurch das Gefühl von Bedeutung.
- Wenn jemand Sie verbal beschuldigt, gehen Sie in fünf Schritten vor, um wieder ein gutes Verhältnis herzustellen:
  1. Wiederholen Sie in fragender Form den Vorwurf, der Ihnen gemacht wurde.
  2. Gestehen Sie Ihren Fehler ein, so weit er zutrifft.
  3. Loben Sie den anderen.
  4. Bitten Sie Ihn um einen Gefallen.
  5. Machen Sie ein Angebot zur Versöhnung.

## Training mit der CD

Auf der Innenseite des Rückumschlags finden Sie eine CD mit 500 Verbalattacken zum Trainieren der Techniken. Lassen Sie sich per Lautsprecher oder Kopfhörer angreifen und üben Sie so die vorgestellten Strategien. Die Angriffe sind in verschiedenen Kategorien unterteilt, wobei der größte Teil vermischte Angriffe darstellen. Diese sind der wichtigste Übungsteil, weil Sie hier, wie auch im echten Leben, nicht voraussehen können, mit welcher

Unverschämtheit man auf Sie zukommen wird. Sie finden folgende Angriffseinheiten:

1. Vermischte Angriffe 1
2. Vermischte Angriffe 2
3. Vermischte Angriffe 3
4. Vermischte Angriffe 4
5 Vermischte Angriffe 5
6. Vermischte Angriffe 6
7. Vermischte Angriffe 7
8. Angriffe im Businessbereich und bei Meetings
9. Angriffe an Frauen
10. Angriffe in Frageform
11. Angriffe auf der optischen Oberfläche
12. Beleidigungen
13. Angriffe in Partnerschaft und Ehe
14. Angeberei
15. Unangenehme persönliche Fragen
16. Angriffe durch die Blume
17. Angriffe: Man spricht über Sie in Hörweite
18. Angriffe, die in der Seele treffen

Im Buch sind 26 einzelne Techniken vorgestellt. Suchen Sie sich zunächst nur eine davon aus und gehen Sie mit dieser Technik die einzelnen Angriffe durch, bis Sie sie gut beherrschen. Dann suchen Sie sich eine zweite aus und machen das selbe. Anschließend suchen Sie sich zwei Techniken zur Auswahl aus. Beispielsweise antworten Sie entweder mit der Rückfrage (17) oder mit der übertriebenen Zustimmung (6). Und erst wenn Sie darin Übung haben, erweitern Sie auf drei Techniken.

Einige Techniken sind nur für spezielle Angriffssituationen gemacht. So ist z.B. die Erwiderungstechnik „Die Keule im Geschenkpapier“ (14) nur für die durch die Blume ausgesprochene Angriffe gedacht. Um sie zu trainieren, springen Sie auf der CD beispielsweise direkt auf die Einheit Nr. 16 „Angriffe durch die Blume“.

Testen Sie auch Ihre ausgesuchten Standardantworten anhand der Angriffe. Nehmen Sie Ihren fünf Standards auf der Seite 221 zur Hand und versuchen Sie auf alle Angriffe immer nur mit einem der fünf Standards zu kontern.

# Schlussbemerkung

Die Vorstellung, dass alle Menschen „ideal" miteinander kommunizieren, finde ich eigentlich fürchterlich langweilig. Frechheiten, Ungereimtheiten und Blödsinn sind das Salz in der Suppe des vernünftigen Nettigkeits-Einerleis. Insofern würde ich es schade finden, wenn alle Menschen nun die Strategie der Heile-Welt-Kommunikation befolgen würden. Wenn Sie jetzt durch meine Worte wieder verunsichert sind, welche Strategie denn nun vorzuziehen ist, so antworte ich: Machen Sie doch, was Sie wollen!

**Dialog mit dem Leser**

Ich bin an Ihren Erfahrungen mit den in diesem Buch beschriebenen Techniken interessiert.

Wenn Sie beim Üben der Techniken bessere Antworten gefunden haben als die, die im Buch aufgeführt sind, so schicken Sie sie mir zu.

Wenn Sie geniale Beispiele von schlagfertigen Erwiderungen hören, die den Techniken in diesem Buch zugeordnet werden können, so schicken Sie mir auch diese zu.

Falls Sie selbst eine Forschernatur sind und ein neues Schema der Schlagfertigkeit gefunden haben, so habe ich auch daran, im Sinne meiner Forschungsarbeit, großes Interesse.

Die Techniken, die Sie kennen gelernt haben, sind durch einfaches Lesen, ohne Üben, noch nicht verinnerlicht und damit nicht präsent, wenn Sie wieder mal nach einer Antwort suchen. Training ist unbedingt notwendig. Ich empfehle Ihnen zusätzlich den Besuch eines Schlagfertigkeitsseminars, in dem die Dinge nicht nur intellektuell verstanden, sondern vor allem auch eintrainiert werden. Wenn Sie Informationen über Orte, Termine und Kosten des Seminars „Schlagfertig & erfolgreicher" haben möchten, schreiben Sie bitte an die Adresse auf der nächsten Seite. Die Seminare werden regelmäßig in Deutschland, Österreich und der Schweiz durchgeführt.

*Intensiv-Seminar*

# Schlagfertig

## & erfolgreicher

Geeignete Personen können eine „Schlagfertig & erfolgreicher"-Lizenz zum eigenständigen Leiten von Schlagfertigkeitsseminaren erwerben. Die Lizenz wird nur bei persönlicher Eignung vergeben. Sie werden dann von Matthias Pöhm ausgebildet und mit dem nötigen Knowhow versorgt. Bewerbungen richten Sie bitte an unten angegebene Adresse.

Pöhm Seminarservice
Matthias Pöhm
Alte Stationsstr. 8
CH-8906 Bonstetten/Zürich
Mail: poehm@poehm.com
Homepage: www.poehm.com

# Anmerkungen

[1] B. Voxbrandt, C. Kunze „On Course with compass grammar", S. 35

[2] Barbara Berckhan „Die etwas gelassenere Art, sich durchzusetzen", S. 226

[3] Zeitschrift „Oldtimer", 1/1995, S. 3

[4] Vera F. Birkenbihl „Sprachenlernen leicht gemacht"

[5] Vera F. Birkenbihl „Rhetorik. Redetraining für jeden Anlass"

[6] Vera F. Birkenbihl „Rhetorik" S. 27

[7] Umberto Saxer „Bei Anruf Erfolg"

[8] Rupert Lay „Dialektik für Manager" S. 212

[9] Rolf Ruhleder „Rhetorik, Kinesik, Dialektik" Seite 258 ff

[10] „Facts", Januar 1998

[11] „Ran" Sat1, 31 Januar 1998

[12] „Tagesanzeiger", Herbst 1997

[13] Matthias Dahms „Die Magie der Schlagfertigkeit", S. 61

[14] Ebenda, S. 64

[15] Rupert Lay „Dialektik für Manager", S. 135

[16] Vera Birkenbihl „Rhetorik Training" Kassettenseminar

[17] Radio DRS3 Input 22.11.98

# Literaturverzeichnis


- BERCKHAN, BARBARA: Die etwas gelassenere Art, sich durchzusetzen. Ein Selbstbehauptungstraining für Frauen. 12. Aufl., Kösel-Verlag, München 1997
- BERCKHAN, BARBARA: Die etwas intelligentere Art, sich gegen dumme Sprüche zu wehren. Selbstverteidigung mit Worten. Ein Trainingsprogramm. Kösel-Verlag, München 1998
- BIRKENBIHL, VERA F.: Fragetechnik schnell trainiert. Das Trainingsprogramm für Ihre erfolgreiche Gesprächsführung. 7. Aufl., mvg-verlag, Landsberg 1997
- BIRKENBIHL, VERA F.: Kommunkationstraining. Zwischenmenschliche Beziehungen erfolgreich gestalten. 21. Aufl., mvg-verlag, Landsberg 1999
- BIRKENBIHL, VERA F.: Rhetorik. Redetraining für jeden Anlass. 3. durchges. Aufl., Urania, Berlin 1998
- BIRKENBIHL, VERA F.: Stroh im Kopf?. Vom Gehirn-Besitzer zum Gehirn-Benutzer. Buch. 22. Aufl., birkenbihl-media Lang, Bergisch Gladbach 1995
- BREDEMEIER, KARSTEN: Provokative Rhetorik? Schlagfertigkeit! 3. Aufl., Orell Füssli/CVK, Zürich 1997
- BREDEMEIER, KARSTEN/NEUMANN, RAINER: Nie wieder sprachlos! Ihr persönliches Übungsbuch für kommunikative Intelligenz. 2. Aufl., Orell Füssli, Zürich 1999; und im Taschenbuch bei mvg, Landsberg am Lech, 2000
- CARNEGIE, DALE: Besser miteinander reden. Das richtige Wort zur richtigen Zeit – die Kunst, sich überzeugend mitzuteilen. Ein Leitfaden der Kommunikation in Alltag und Beruf. Scherz, München 1996

- DAHMS, CHRISTOPH/DAHMS, MATTHIAS: Die Magie der Schlagfertigkeit. Spontan mit Sprache spielen. Eine Zauberfibel mit Lernprogramm. 2. Aufl., Dahms, Wermelskirchen 1997
- DAHMS, MATTHIAS/DAHMS, CHRISTOPH: Schlagfertig sein in Rede und Verhandlung. Sicher und selbstbewusst mit Sprache umgehen. Blackout, Lampenfieber, Störer und mehr. Dahms, Wermelskirchen 1996
- DREWS, GERALD: Lexikon der schlagfertigen Sprüche. Weltbild Verlag, Augsburg 1991
- EHRHARDT, UTE: Gute Mädchen kommen in den Himmel, böse überall hin. Warum Bravsein uns nicht weiterbringt. Wolfgang Krüger Verlag GmbH, Frankfurt/Main 1994
- FENSTERHEIM, HERBERT/BAER, JEAN: Sag nicht ja, wenn du nein sagen willst. Goldmann, München 1996
- FREUD, SIGMUND: Der Witz und seine Beziehung zum Unbewussten. Fischer Taschenbuch, Frankfurt/Main 1992
- HOLZHEU, HARRY: Natürliche Rhetorik. 4. Aufl., Econ, Düsseldorf 1994
- LAUSTER, PETER: Selbstbewusstsein. Sensibel bleiben, selbstsicher werden. 6. Aufl., Econ, Düsseldorf 1997
- LAY, RUPERT: Dialektik für Manager. Methoden des erfolgreichen Angriffs und der Abwehr. Neuaufl., Herbig, F A, München 1983
- MOHL, ALEXA: Der Zauberlehrling. Das NLP Lern- und Übungsbuch Junfermannsche Verlagsbuchhandlung, Paderborn 1993
- NÖLLKE, MATTHIAS: Schlagfertigkeit. STS-Taschen Guide, was, Planegg 1999
- RUEDE-WISSMANN, WOLF: Satanische Verhandlungskunst. und wie man sich dagegen wehrt. Heyne Verlag, München 1995

■ RUHLEDER, ROLF H.: Rhetorik, Kinesik, Dialektik. Redegewandheit, Körpersprache, Überzeugungskunst. 13. überarb. Aufl., Verlag Norman Rentrop, Bonn 1997
■ SAXER, UMBERTO: Bei Anruf Erfolg. Telefon-Seminar für Manager und Verkäufer. Rusch Verlag, Kreuzlingen (CH)
■ SCHUTZ, WILL: Mut zum Selbst. Das wichtigste Buch Ihres Lebens – Leben verändern durch „Profound Simplicity". Nymphenburger, München 1994
■ WEGHORN, PETER: Der Rhetorik-Profi. Kommunikationssituationen/Fragetechniken/Schlagfertigkeit und Übungen/Praktische Tipps, Tricks und Hintergründe. Wirtschaftsverlag Ueberreuter, Wien 1996
■ WELLER, MAXIMILIAN: Die schlagfertige Antwort. 3. Aufl., Gustav Lübbe Verlag, Bergisch Gladbach 1978
■ ZITTLAU, DIETER: Schlagfertig kontern in jeder Situation. Südwest Verlag, München 1998

# Stichwortverzeichnis

## A

## E



## F

## G



## K



## L



## M



## N

## P



## R



## S

## T



## U

## V



## W



## Z